Devenir optimiste
grâce à la psychologie narrative

Yves-Alexandre Thalmann

Devenir optimiste grâce à la psychologie narrative

MARABOUT

Sommaire

« Ce sont nos représentations qui nous enferment.
Nous vivons plus dans l'échafaudage de nos représentations
que dans la réalité objective. Le réel, lui, n'a ni porte ni fenêtre,
il est l'infini de l'infini des possibles. »

Christiane Singer

AVANT-PROPOS

Ce livre pratique est autant destiné à celles et à ceux qui n'ont pas lu mon ouvrage précédent, *Les gens heureux ne s'inquiètent pas de savoir si c'est vrai… ils se racontent de belles histoires*, qu'à celles et à ceux qui l'ont lu.

Les personnes qui ne connaissent pas ce texte ont souvent un *a priori* à son sujet : le titre semble suggérer que, pour être heureux, il est judicieux de *se raconter des histoires*… c'est-à-dire de se mentir à soi-même. Bien sûr, il n'en est rien !

Celles et ceux qui l'on lu ont découvert qu'il ne préconise pas un optimisme naïf. Son propos n'est pas de nier la réalité, mais au contraire de prendre appui sur elle pour élaborer des interprétations favorables. Les mêmes faits peuvent toujours être considérés sous différents angles, certains rendant plus heureux, d'autres plus malheureux. Autant, dès lors, choisir le regard positif, n'est-ce pas ?

La théorie semble claire. Mais qu'en est-il de la pratique ? Comment faire pour se raconter de belles histoires ? Suffit-il de le vouloir ? Quels sont les moyens effectifs pour y parvenir ? Telles sont les questions récurrentes qui surgissent lorsque l'on essaie concrètement de passer à l'action.

C'est l'objectif de ce livre que d'y répondre d'une manière précise. Il contient et décrit les outils de base de ce que l'on pourrait nommer une *psychologie narrative*, à savoir une façon de modifier certains fonctionnements psychiques grâce aux histoires que nous élaborons mentalement.

1

Introduction à la psychologie narrative

Des histoires à la psychologie narrative

L'expression est souvent « raconter des histoires » accompagnée d'une connotation péjorative ; elle se comprend alors comme blaguer, mentir, énoncer des choses qui ne sont pas vraies. Ce n'est pas ce sens-là dont il est question dans les pages qui suivent.

En tant que psychologue, je suis habitué à entendre des histoires. Régulièrement, des personnes prennent rendez-vous avec moi pour me raconter des tranches de leur vie, c'est-à-dire leurs histoires. J'utilise par conséquent le mot « histoires » avec une bienveillance toute particulière, sans aucune connotation péjorative. Le mot « histoire » s'impose, non pas que ces paroles procèdent d'une quelconque fiction ou que l'on veuille mettre en doute la bonne foi des consultants, mais ces narrations empruntent le plus souvent la forme du récit : commencement, intrigue, dénouement, fin. Il y a des personnages principaux – le narrateur en fait presque obligatoirement partie –, des caractères secondaires, des faire-valoir, des décors, du suspens. Surtout, ces récits structurent les événements vécus et leur donnent un sens.

Les personnes qui consultent les psychologues racontent habituellement des histoires de souffrance : les enfants n'étaient pas désirés, les pères n'étaient pas présents, les mères négligentes, les beaux-parents maltraitants, les amis fourbes et intéressés, les collègues envieux, les partenaires amoureux profiteurs, les conjoints trompeurs. L'art du thérapeute consiste alors à aider à reconstruire une nouvelle histoire, basée sur le même socle de réalité, les mêmes faits attestés, mais avec un scénario quelque peu différent et une issue un peu moins douloureuse. Ou un peu plus heureuse.

Les personnes malheureuses ne sont pas les seules à se raconter des histoires. Cette prérogative échoit à tout être humain, puisqu'elle découle de l'aptitude à penser. Nous nous contons en permanence des histoires, sur nous-mêmes, sur les autres et sur le monde, une façon de conférer un sens à ce que nous rencontrons. À tel point qu'on peut se demander si nous ne vivons pas plus dans nos récits mentaux que dans la réalité.

La manière dont nous concevons et élaborons ces récits intimes constitue l'objet de ce que l'on pourrait appeler une *psychologie narrative*. Celle-ci tente de répondre à de multiples questions à ce sujet. Pourquoi retenons-nous telle trame plutôt qu'une autre ? En quoi les émotions que nous éprouvons sont-elles liées à ce que nous nous disons dans le secret de notre esprit ? Sommes-nous capables de percevoir et de mémoriser des faits bruts, exempts de toute interprétation ? Notre représentation mentale du monde découle-t-elle d'histoires partagées et véhiculées au sein de notre culture ? Dans quelle mesure notre bien-être résulte-t-il de la façon dont nous nous racontons nos histoires ?

La psychologie narrative n'est pas synonyme de pensée positive

Un point important mérite d'être précisé ici : la psychologie narrative n'est aucunement assimilable à un courant de pensée positive. Les deux sont différentes, autant par leurs présupposés, leurs méthodes que leurs finalités.

Les courants de pensée positive encouragent à entretenir des pensées positives, que ce soit sous la forme de formulations à répéter – ainsi la fameuse phrase issue de la méthode Coué : « Tous les jours, à tout point de vue, je vais de mieux en mieux » – ou de visualisations mentales représentant l'état que l'on vise à concrétiser. Ces pratiques consistent à affirmer *ce qui n'est pas afin que cela devienne* : à force de nourrir ces représentations dans notre esprit, avancent les tenants de ces mouvements, elles vont finir par se matérialiser dans la réalité.

On pourrait donc dire que la pensée positive *nie* la réalité des faits afin de produire un effet visible dans le monde. Le malade se répète qu'il guérit afin de recouvrer la santé, le célibataire s'imagine en couple afin de trouver l'âme sœur, l'indigent se figure qu'il vit dans l'opulence, etc.

Sans conjecturer sur l'efficacité de ces méthodes, postulons qu'elles n'ont rien à voir (ou si peu !) avec la psychologie narrative. Celle-ci est la digne fille des courants de psychologie cognitive, à savoir l'étude de la pensée et des raisonnements. Son point d'ancrage est la réalité des faits : elle ne cherche ni à les nier ni à les transformer, mais simplement à s'appuyer sur eux pour élaborer des interprétations favorables. Ce dernier point est crucial : la psychologie narrative ne vise pas une transformation de la réalité, mais uniquement de l'histoire que l'on se raconte à son sujet. Même si, bien évidemment, des bénéfices secondaires en terme de mieux-être sont souhaités.

Prenons l'exemple d'une maladie grave. Un patient souhaitant utiliser la psychologie narrative ne va pas se répéter qu'il est en train de guérir, comme pour conjurer le mauvais sort, mais plutôt commencer par admettre les faits : ses propres sensations, notamment de douleur, ses émotions d'angoisse et de tristesse, le diagnostic qui a été posé, les traitements qui sont proposés. S'appuyant sur ces éléments, il prend conscience que des interprétations comme : « De toute façon, je suis fichu, on n'arrivera pas à me soigner », « On m'a toujours dit que j'avais une santé fragile ; en voilà bien la preuve ! », « Je vais perdre mon travail, je n'aurai plus un revenu suffisant pour vivre » ne sont rien de plus qu'une manière d'enrober son expérience de significations particulières, sans lien avec la réalité du moment. Par contre, elles s'accompagnent d'affects désagréables et ont tendance à faire chuter le moral.

Sur la base des mêmes faits, la psychologie narrative invite à élaborer d'autres types de récit. Ceux-ci ne sont ni plus ni moins en adéquation avec la réalité, c'est-à-dire ni plus vrais ni plus faux, mais simplement plus agréables : « Les traitements disponibles ont révélé une bonne efficacité ; j'ai de grandes chances de m'en sortir », « Même si je souffre régulièrement de petits tracas de santé, je suis globalement en bonne forme », « Il n'y a pas de raisons que je perde mon travail et, avec mes compétences, je pourrai facilement me recycler, le cas échéant. »

La psychologie narrative ne peut donc pas être accusée d'alimenter un optimisme naïf, de pousser à voir le verre à moitié plein là où il est quasiment vide. Un verre presque vide reste presque vide, mais ce n'est pas forcément une calamité ! Du moins n'est-il pas complètement vide…

Autre exemple, moins tragique celui-là : la façon de considérer la sexualité. De nombreuses personnes ont souffert, souffrent encore, en estimant que la sexualité est quelque chose de sale, de bestial, d'immoral, de l'ordre du péché et qu'il faudrait la policer, la canaliser et la maîtriser. D'autres, au contraire, voient la sexualité comme une source de plaisir, un signe d'amour, un échange intime gratifiant et sa pratique comme une fête. Les actes sont (à peu près) les mêmes, mais le vécu des amants considérablement différent !

Par cet exemple, il apparaît que la psychologie narrative ne vise pas une *positivation* des événements, mais un changement de perspective, dans le but de générer des émotions agréables et un rehaussement de l'humeur. Cette psychologie stimule l'art de produire et de privilégier des interprétations optimistes.

Par analogie, la psychologie narrative s'intéresse plus à la carte qu'au territoire qu'elle est censée représenter. Plutôt que du burin du sculpteur qui façonne le marbre, elle s'inspire des pinceaux du peintre qui embellit les toiles de ses couleurs, sans toucher à la réalité du paysage.

La pratique de la psychologie narrative est question d'entraînement

Une autre critique couramment formulée à l'encontre de la pensée positive cible parfois la psychologie narrative : ce serait trop facile ! S'il suffisait de vouloir interpréter positivement les événements pour y arriver, tout le monde y parviendrait aisément. Ce qui n'est visiblement pas le cas ! A-t-on affaire à la résistance d'un inconscient qui dicte secrètement notre activité psychique ? ou d'un manque de volonté ? Peu importe la nature de l'objection. Elle permet de préciser que la démarche proposée par la psychologie narrative n'est pas volontariste. Il ne s'agit pas de se convaincre de penser positivement pour y arriver, mais de s'y entraîner[1].

1. L'efficacité de cet entraînement a été démontrée. Voir par exemple Martin Seligman, *La Force de l'optimisme*, InterÉditions, 2008.

L'arsenal des méthodes des psychothérapies cognitives, dont l'efficacité a été empiriquement démontrée, donne des outils pour modifier durablement les pensées. Il s'agit plus d'un entraînement progressif que d'un acte de volonté et de contrôle. De plus, la psychologie narrative se démarque par sa souplesse : elle fait la part belle à l'imagination et à la créativité. Plutôt que d'apprendre aux sujets à *s'imposer* des interprétations positives, elle met en doute, en douceur, la certitude des interprétations automatiques, souvent négatives, et encourage à en créer d'autres, tout autant plausibles, mais plus favorables.

Analysons l'exemple suivant pour bien saisir la démarche proposée : Alain est dépité, car son fils de sept ans lui annonce qu'il n'a pas été invité à l'anniversaire d'un camarade d'école. Le discours intérieur d'Alain prend cette tournure : « Oh non ! Mon fils est mis de côté, il est exclu. Personne ne veut jouer avec lui : il va se retrouver seul. Et tout ça parce que je suis un intellectuel et que les parents du village exercent plutôt des métiers manuels… » Or, le seul fait avéré est que son fils n'a pas été invité à l'anniversaire. Est-ce le seul dans ce cas ? Est-ce en rapport avec la profession de son père ? On l'ignore ! Mais il est certain que l'interprétation que privilégie le père le rend maussade et déprimé.

La psychologie narrative peut aider Alain. Au lieu de prêter foi à son interprétation, il peut la mettre en doute et en élaborer une autre : « Sans doute mon fils n'est-il pas le seul à ne pas être invité ! Il est vrai qu'on ne peut faire venir toute une classe pour un anniversaire. En plus, celui qui invite n'est pas un copain proche de mon fils... » À ce stade, personne ne peut affirmer que cette nouvelle interprétation est plus véridique, ou moins véridique, que la première. Mais elle a le mérite de rassurer Alain et de lui faire vivre un plus beau moment. Il sera toujours temps de se renseigner par la suite pour en avoir le cœur net...

Les motivations des gens et les raisons de leurs agissements nous échappent la plupart du temps. Forte de ce constat, la psychologie narrative invite à fabriquer et à choisir des interprétations favorables qui embellissent la vie plutôt que de la rendre hostile et triste. Ce faisant, elle libère des ressources mentales qui permettent d'aller vérifier ce qu'il en est dans la réalité – pour Alain, se renseigner auprès d'autres parents sur les heureux invités à l'anniversaire.

Ainsi, l'expérience montre que ce n'est pas à force de s'imposer à penser positivement que l'on atteint un changement durable, mais bien à la suite d'un entraînement dans la durée, tout en douceur. Il s'agit de constamment remettre sur le métier nos interprétations afin de les considérer comme ce qu'elles sont en réalité : des pensées, mais pas la réalité. Cette souplesse psychique s'acquiert progressivement et opère des changements qui peuvent s'inscrire dans la durée.

Le changement est possible

Est-il vraiment possible de changer ? Peut-on transformer un pessimiste en optimiste convaincu ? Beaucoup nourrissent des doutes à ce sujet. Pourtant, de nombreux exemples viennent conforter l'idée qu'un changement de façon de penser est possible. D'abord un exemple du côté négatif, celui du traumatisme. Ainsi, la personne victime d'un abus sexuel voit soudainement son univers interprétatif basculer : les hommes sont des pervers, on ne peut plus avoir confiance en eux, le danger rôde partout, la sexualité est devenue synonyme de douleur et de peine. Ou encore le changement de vision du monde de l'individu victime d'un attentat : l'univers est devenu du jour au lendemain dangereux, la beauté a fui l'existence, plus aucun endroit n'est gage de sécurité.

Si donc il est possible de changer brusquement de représentation du monde à la suite d'un traumatisme, on peut imaginer que l'inverse est aussi possible. Citons à ce sujet les expériences de mort imminente (*near death experience* en anglais) : des personnes sont déclarées mortes cliniquement alors qu'elles se « réveillent » quelques instants plus tard. Certaines d'entre elles relatent alors avoir vécu une expérience extraordinaire, à tel point qu'elles hésitent souvent longtemps à en parler. Elles disent avoir traversé un tunnel et être arrivées dans un lieu rempli de lumière, parfois avoir fait la rencontre agréable de proches décédés. Au-delà de l'expérience proprement dite, on note souvent des changements marquants chez les personnes qui ont vécu cela. Leurs valeurs subissent une réorientation fondamentale, le plus souvent du côté des relations humaines[2]. Alors qu'avant l'incident, le travail, la fortune, l'ascension sociale, la célébrité occupaient une place de choix, le couple, la famille, l'entraide et la simple jouissance de la vie semblent revenir au devant de la scène.

De même, d'autres expériences impliquant la perte peuvent produire le même effet. Un accident évité de justesse, un séjour à l'hôpital, une crise dans le couple ou la perte d'un conjoint sont à même de provoquer une remise en question du socle interprétatif de la réalité. Ce qui avait de l'importance n'en a soudainement plus autant, alors que des éléments passant autrefois inaperçus deviennent essentiels.

Il existe également une autre façon d'opérer des changements durables d'interprétation : la psychothérapie. On a longtemps cru que ce travail devait plutôt être laborieux et progressif, s'étendre sur des années. On sait aujourd'hui que certaines approches favorisent des changements en peu de temps. Sans même parler des changements qui surviennent sans l'aide de professionnels, preuve en est tous les travaux de ces dernières

2. Voir Patrice Van Eersel, *La Source noire*, Le livre de poche, 1987. Ou, pour un témoignage plus personnel, Stefan von Jankovich, *La Mort, ma plus belle expérience*, Randin, 1999.

années portant sur la résilience (la capacité à rebondir dans l'adversité).

Le changement est possible. De nombreux témoignages vont dans ce sens : des personnes ayant l'habitude de broyer du noir qui deviennent optimistes, des ex-dépressifs qui rayonnent de joie de vivre, etc. Les biographies de célébrités ou d'anonymes offrent de nombreux récits corroborant cette affirmation. De manière encore plus convaincante, des recherches scientifiques utilisant l'imagerie cérébrale (imagerie par résonance magnétique fonctionnelle) démontrent que le cerveau est plus souple que ce que l'on a longtemps cru. La neuroplasticité, comme les spécialistes appellent le phénomène, est la faculté de notre cerveau à modifier certains réseaux neuronaux. Par exemple, une personne décidant d'interpréter positivement ce qui lui arrive renforce les connexions entre certains neurones, ce qui favorise par la suite la transmission d'informations entre eux. Il lui sera donc de plus en plus aisé d'utiliser ces « autoroutes » de l'information : l'interprétation optimiste sera devenue une habitude (manifestée par une activité accrue du cortex préfrontal gauche, en lien avec les émotions agréables[3]).

D'ailleurs, sans même attendre les dernières avancées de la neurobiologie, la psychologie dans son ensemble confirme depuis son origine cette hypothèse centrale : il est possible de

3. Voir par exemple Jordi Quoidbach, *Pourquoi les gens heureux vivent-ils plus longtemps ?*, Dunod, 2010, p. 141-145.

changer. La pratique de la psychologie narrative n'est somme toute qu'une façon douce d'initier des changements profonds sans devoir endurer les affres d'événements de vie brutaux…

Une approche humaniste

En plaçant le choix (et donc la liberté) au centre de sa démarche, la psychologie narrative renoue avec une vision humaniste de l'être humain : une personne certes influençable, certes partiellement conditionnée, mais surtout assez libre pour prendre des décisions et à même de les assumer. Le libre arbitre est définitivement au cœur de l'approche narrative.

D'un autre côté, la psychologie narrative reconnaît la complexité du psychisme et l'impossibilité d'en maîtriser tous les processus. Toutes nos pensées ne sont pas volontaires, tant s'en faut ! Les soucis nous assaillent parfois sans que nous ayons notre mot à dire… C'est pourquoi elle ne préconise pas la maîtrise, mais fait appel au doute : mettre en doute certaines interprétations plutôt que d'y prêter foi.

Nos interprétations sont des interprétations, rien de plus. Elles ne sont pas le reflet exact et fidèle de la réalité. Elles en livrent une copie plus ou moins déformée, mais toujours altérée. Cette prise de conscience fait naître un doute quant à l'adéquation de nos pensées à la réalité. Non pas un doute destructeur et paralysant, mais un doute sain et formateur, à la base d'une humilité de bon aloi, celle-là même qui nous fait accepter la relativité de nos pensées. Nous sommes des chercheurs en quête permanente de vérité. Étant conscients que nous ne pouvons connaître avec certitude la signification et la raison de nombreux événements, nous acceptons de vivre avec le doute et pouvons choisir d'adopter sciemment les hypothèses qui nous rendent de meilleure humeur.

C'est pourquoi la psychologie narrative ne cherche pas à imposer ses vues comme de nouveaux dogmes. Elle propose simplement des outils à qui souhaite modifier sa façon d'interpréter ce qui lui arrive. Ce faisant, elle peut aussi contribuer à guérir des trajectoires de vie placées sous le signe de la souffrance, même si ce n'est pas son objectif premier. Il existe en effet des thérapies narratives[4], dont la finalité est le soulagement de la détresse et le retour à un mode de fonctionnement plus équilibré, ou moins troublé. Il s'agit alors de modifier voire de réécrire son histoire de vie. La psychologie narrative, plus modeste, se contente d'aider à réinterpréter plus positivement certains épisodes du quotidien ou du passé. Elle ne prétend pas guérir ni même soigner, mais seulement aider à développer l'optimisme.

4. Voir par exemple Michael White et David Epston, *Les Moyens narratifs au service de la thérapie*, Satas, 2009.

Quel intérêt à devenir plus optimiste ?

La psychologie narrative offre des moyens pour développer l'optimisme. Mais après tout, quel intérêt y a-t-il à cette démarche ? Il se trouve que les nombreux bénéfices de l'optimisme commencent à être solidement répertoriés depuis quelques années. Une discipline académique s'y emploie même précisément, usant de tout le répertoire des méthodes scientifiques à disposition des sciences humaines : la psychologie positive, appelée aussi science du bonheur. Parmi les bénéfices de l'optimisme dûment établis, mentionnons[5] :

* Les gens optimistes sont davantage appréciés, car plus sociables, plus actifs, plus charitables.

* Les gens optimistes ont plus de chances de se marier et moins de risques de divorcer.

* Les gens optimistes bénéficient de réseaux d'amis plus étendus, plus aptes à les aider en cas de besoin.

* Les gens optimistes se montrent plus productifs dans leurs métiers.

5. Liste détaillée dans Michel Lejoyeux, *Les Secrets de nos comportements*, Plon, 2009.

* Les gens optimistes gagnent plus d'argent.
* Les gens optimistes font davantage face aux difficultés.
* Les gens optimistes témoignent d'une meilleure immunité : leur système immunitaire est plus performant.
* Les gens optimistes jouissent d'une meilleure forme physique.
* Les gens optimistes se nourrissent mieux.
* Les gens optimistes vivent plus longtemps.

De tels avantages ne sauraient laisser indifférent ! Il semble que la psychologie narrative serve des intérêts d'utilité publique : à quand son enseignement dans les écoles ?

À RETENIR

La psychologie narrative a pour objectif d'aider à formuler des interprétations plus favorables des événements qui surviennent. Elle se nourrit des faits objectifs et se base sur la réflexion critique et rationnelle : elle ne nie pas les difficultés et les drames, pas plus qu'elle n'invite à souscrire à des croyances fantaisistes, ni à adhérer à une vision exagérément positive de l'existence. Elle ne plaide jamais pour un optimisme naïf.

Le cœur de la démarche réside dans la distinction des faits objectifs et des interprétations subjectives. Si les faits sont généralement incontestables, puisqu'il s'agit de faits, qu'ils se sont produit réellement, il en va autrement des interprétations. Celles-ci s'ancrent dans un point de vue et peuvent donc être multiples : il n'y a pas de vérité indiscutable dans les interprétations. Le doute ainsi créé permet de relativiser les pensées et d'ouvrir la porte à d'autres interprétations, tout aussi plausibles. Plutôt que d'être limités à une seule signification, nous avons ainsi le choix entre plusieurs sens possibles et nous pouvons ainsi privilégier celui qui nous est le plus agréable.

2

Les outils de la psychologie narrative

Trois outils pour trois questions

Le but de la psychologie narrative est de fournir des clés pour modifier les interprétations que nous produisons en permanence dans notre esprit. Notre cerveau a en effet pour tâche de traiter l'information et il s'en acquitte avec succès tout au long de la vie. Pour paraphraser le célèbre axiome de la communication postulé par Paul Watzlawick[1] – on ne peut pas ne pas communiquer –, nous pourrions dire : on ne peut pas ne pas interpréter. Notre monologue intérieur, c'est-à-dire le flux de nos pensées, est incessant.

Forte de ce constat, la psychologie narrative s'intéresse aux conséquences de ces interprétations, principalement en termes émotionnels. Certaines histoires que nous nous racontons ont pour effet de nous rendre tristes, anxieux ou contrariés. D'autres entraînent joie et plaisir. D'où l'intérêt de développer la compétence de se raconter de belles histoires, de générer des interprétations alternatives et positives sur la base des mêmes faits. La réalité reste ce qu'elle est, seul notre regard change, mais entraînant des modifications au niveau de notre bien-être.

Afin d'entraîner l'habileté à se raconter de belles histoires, la psychologie narrative propose des outils concrets à mettre en application. Ceux-ci sont au nombre de trois :

1. Paul Watzlawick *et al.*, *Une logique de la communication*, Seuil, 1979.

1. Reconnaître et identifier les sentiments et en évaluer l'intensité.
2. Exprimer les faits objectifs de façon neutre.
3. Mettre en doute la certitude des interprétations.

Ils répondent à trois questions fondamentales :

1. Est-ce agréable lorsque je pense cela ?
2. Quels sont les faits objectifs dans cette histoire ?
3. Puis-je être certain de l'interprétation que je privilégie ?

Une remarque encore avant de poursuivre : dans le but de concrétiser au mieux les outils de la psychologie narrative, des échelles quantitatives sont proposées. Elles invitent à évaluer de manière chiffrée l'intensité de sentiments ou le degré de plausibilité d'une interprétation. Ces échelles sont analogues à celles utilisées dans les psychothérapies cognitives, qui ont fait leurs preuves depuis des décennies. Cependant, si cette façon de procéder vous paraît trop exigeante ou artificielle, qu'elle vous pose difficulté dans sa mise en œuvre, vous pouvez très bien la laisser de côté, dans un premier temps, sans que la démarche globale soit mise en péril. L'application des outils de manière qualitative produit déjà des résultats significatifs.

Des exercices jalonnent les pages qui vont suivre. Ils vous permettront de mettre en application les découvertes réalisées et, surtout, de commencer à opérer des changements concrets.

1

RECONNAÎTRE ET IDENTIFIER LES SENTIMENTS ET EN ÉVALUER L'INTENSITÉ

Le monde des émotions et des sentiments reste mal connu, parfois même inconnu, de nombreuses personnes. Non pas qu'elles n'en éprouvent pas, ce qui n'est pas possible, mais elles ignorent presque tout de leur fonctionnement. Ressentir une émotion, y réagir, ce n'est pas encore avoir conscience de ce qui se passe en soi, ni en comprendre le mécanisme interne. Pourtant, cette lucidité est un prérequis à la modification des interprétations que vise la psychologie narrative, sa pierre de touche, en quelque sorte. C'est en effet à l'aune des affects que l'on cherchera à changer les histoires que l'on se raconte, à leur apaisement que l'on mesurera l'efficacité du processus.

La valence émotionnelle

Qu'est-ce qu'un affect ? C'est un état affectif élémentaire, à savoir la conscience d'un vécu agréable ou désagréable. Le ressenti, peu importe sa complexité, se décline toujours sur un continuum dont les pôles sont l'agréabilité et la désagréabilité, le plaisir et le déplaisir (fig. 1). En termes encore plus simples, le corps réagit en procurant des sensations de détente et d'ouverture ou de crispation et de tension. En nous focalisant sur nos sensations corporelles, il nous est déjà possible de sentir si la réaction est plutôt agréable ou désagréable.

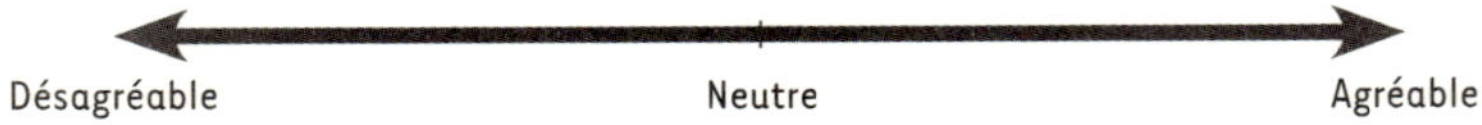

Figure 1 : **le continuum, de l'agréable au désagréable.**

Avant toute chose, lorsqu'on entreprend un travail psychologique, il est nécessaire de se *reconnecter* à son univers affectif. Se reconnecter, car il paraît évident que chaque bébé vit ses premières années fortement en relation avec son affectivité. C'est seulement par la suite qu'il apprend à s'en méfier, voire à s'en distancier, sur les injonctions éducatives des adultes : « Un homme ne pleure pas », « Une femme ne doit pas se mettre en colère », « Ce n'est pas bien de montrer ses émotions », « Il faut se maîtriser », etc.

Ainsi, plutôt que d'éprouver les affects, nous avons progressivement appris à juger ce qui les produit. Plutôt que de dire : « J'ai du plaisir », on affirmera plus volontiers « C'est bien » ; à la place de « Je suis triste », « C'est affligeant » ; pour éviter « Je suis contrarié », « Tu es énervant ». Mais jugement et ressenti ne sont pas équivalent. De façon simple, nous pouvons ressentir un immense plaisir à engloutir une pâtisserie, alors que l'on sait pertinemment que cela n'est pas bon pour notre santé. De même, nous pouvons ressentir une douleur lors d'un exercice physique tout en sachant que cela est bien de la pratiquer selon l'entraînement auquel on s'astreint.

La conscience des affects se développe en centrant notre attention sur les modifications qui surviennent dans l'organisme : accélération ou apaisement des rythmes cardiaque et respiratoire, élévation ou diminution de la chaleur corporelle, augmentation ou relâchement des tensions musculaires. Est-ce plutôt agréable ou désagréable ? Pour aider à répondre à cette question, une échelle de – 10 à + 10 peut être utilisée, à l'image d'un thermomètre (fig. 2).

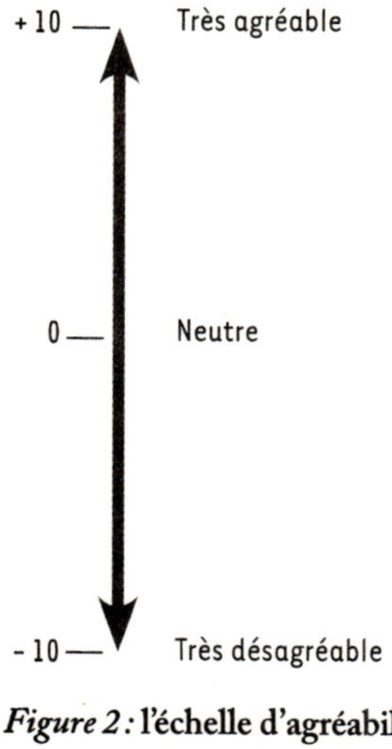

Figure 2 : **l'échelle d'agréabilité.**

Exercice 1

Repensez à cinq situations vécues récemment et prenez conscience des effets que cela provoque sur votre organisme. Est-ce plutôt agréable ou désagréable ?

Exemples

Pensée	Manifestations physiques	Agréabilité
Un automobiliste m'insulte	Accélération du rythme cardiaque Chaleur au visage Crispation des avant-bras	Plutôt désagréable, - 5
Souper en amoureux	Apaisement de la respiration Détente musculaire	Très agréable, + 8

À vous...

Pensée	Manifestations physiques	Agréabilité
stress entretien	chaud, migraine	désagréable - 6
chambres Dau	énervée, burn inside	désagréable - 8
bisous Guillaume	♡ bat vite, ✻ ventre	agréable + 6
bronzer transat	calme, chaud	agréable + 3
jeu mental break	calme, lightheaded	agréable + 3
....	....	....

La gamme émotionnelle

Parfois, l'agréable se mêle au désagréable et il n'est pas si aisé de faire la part des choses. Par exemple, l'annonce d'une promotion professionnelle peut être accompagnée de sentiments agréables (fierté, joie) en même temps que de craintes (« Serais-je à la hauteur ? ») ; le décès d'une personne proche se traduit certainement par de la tristesse, mais peut-être aussi du soulagement si la maladie qui l'affectait était douloureuse. Il est donc utile de différencier la nature des différents affects éprouvés.

Les psychologues ont ainsi identifié plusieurs émotions fondamentales, au sens qu'elles apparaissent déjà chez les bébés (elles sont innées) et qu'elles donnent lieu à des expressions faciales caractéristiques et universelles (indépendantes des cultures). Ainsi la joie, la tristesse, la peur et la colère et, de moindre importance dans le cadre de cette discussion, le dégoût et la surprise.

Chacune de ces émotions fondamentales répond à des considérations précises : la joie est consécutive à la réalisation ou la concrétisation d'un objectif, d'une victoire ou d'un gain. Mettre un enfant au monde, obtenir de l'avancement, gagner à un concours, réussir un premier prix sont autant d'événements susceptibles de provoquer de la joie. Il convient de préciser d'emblée que ce n'est pas l'événement en soi qui est porteur de l'émotion, mais l'interprétation que l'on en fait : une grossesse peut-être non désirée, un avancement peu souhaitable, un concours sans importance selon les cas de figure. Ce n'est donc pas la réalité objective du gain, de la victoire ou de la réalisation d'un objectif qui déclenche l'émotion joyeuse, mais bien sa considération subjective : l'histoire que l'on se raconte à ce moment précis.

Les ressentis de tristesse se vivent dans des circonstances qui ont pour dénominateur commun une perte significative : perte d'un être cher, d'une relation importante, d'un objet, d'une situation professionnelle, de la santé, de confiance, d'un rêve, etc. Qu'une perte soit considérée comme significative, voire qu'un événement soit assimilé à une perte, n'a en soi pas grand-chose d'objectif. Seul le sens que l'individu injecte personnellement dans ce qu'il vit détermine véritablement la nature de l'émotion.

La peur s'inscrit, quant à elle, dans des contextes où dangers et menaces occupent les rôles principaux, même si ce qui entre objectivement dans la catégorie des dangers diffère pour chacun : certains ont peur des chiens, alors que d'autres affectionnent ces animaux.

Enfin, les émotions de colère plongent habituellement leurs racines dans deux sources : ce qui est considéré comme une injustice et ce qui est interprété comme un obstacle. Pour la première, peu importe ce qui arrive effectivement, la colère risque d'être au rendez-vous, du moment que l'impression d'avoir été injustement traité apparaît. En ce qui concerne la seconde, la colère accompagne ce qui vient perturber notre vision d'un monde idyllique, où les événements sont censés suivre idéalement nos aspirations : des appareils qui ne tombent jamais en panne, des tronçons de route qui ne connaissent pas d'embouteillages, des automobilistes courtois et respectueux des règles de la circulation, des conjoints soumis à nos désirs, des enfants obéissants, des guichets sans file d'attente, etc. La moindre résistance dans ce tableau idéal peut faire naître de la contrariété.

En résumé, la gamme émotionnelle est composée de quatre notes de base (voir tab. 1) qui permettent d'infinies variations, auxquelles s'ajoutent des notes secondaires, ou émotions complexes : la culpabilité, la honte, le mépris, la fierté, la jalousie, etc.

Interprétation	Émotion
Réalisation, Gain, Victoire	Joie
Perte	Tristesse
Danger, Menace	Peur
Injustice, Obstacle	Colère

Tableau 1 : la gamme émotionnelle.

Le senti-mètre

Ces nuances permettent de se familiariser avec la logique des émotions. Afin de simplifier encore la prise de conscience des impacts émotionnels de nos représentations mentales, nous pouvons utiliser un schéma qui est le prolongement de l'échelle d'agréabilité, une sorte de *thermomètre émotionnel*. Celui-ci reprend l'échelle graduée en positif pour les affects agréables et en négatif pour les désagréables, mais différencie ces derniers en trois branches : la tristesse, la peur et la colère (fig. 3). Ce schéma a pour but de faciliter la prise de conscience et l'évaluation du ressenti, en nature et en intensité. Il s'agit donc d'un système de mesure du res*senti*, d'où le néologisme de senti-mètre (du grec *metron*, « mesure »).

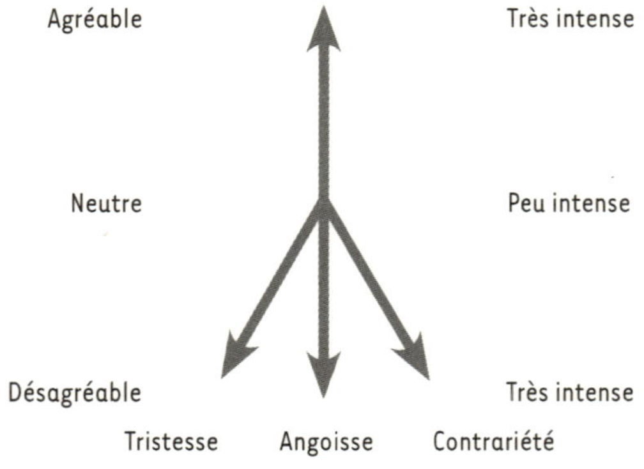

Figure 3 : **le senti-mètre.**

Voici quelques exemples de l'utilisation du senti-mètre. Le point dessiné indique le type de ressenti ainsi que son intensité.

a) Je ne trouve pas de place pour garer mon véhicule.
Contrariété : 8/10

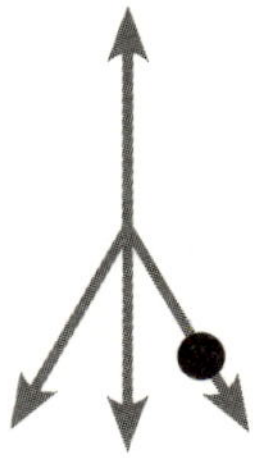

b) Je lis dans la presse qu'un ouragan a fait de nombreux dégâts à l'autre bout du monde.
Tristesse : 7/10

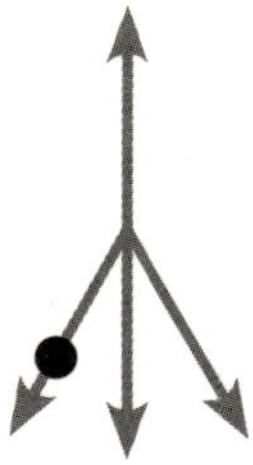

c) Je viens de trouver sur le sol un billet de 100 €.
Joie : 5/10

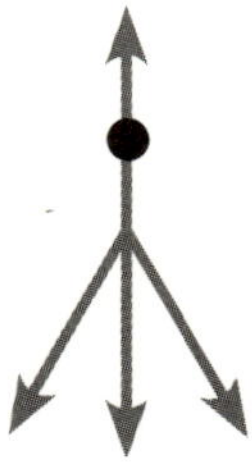

e) Un être cher décède à la suite d'une
longue et douloureuse maladie.
Soulagement/ joie : 3/10
Tristesse : 10/10

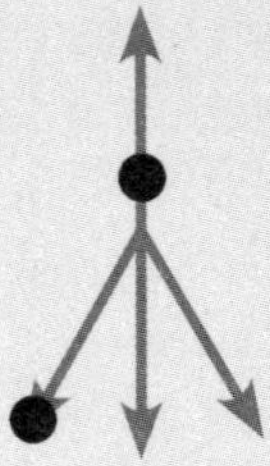

Cet exemple montre que la tristesse l'emporte dans le ressenti global.

f) Mon enfant refuse de m'obéir
et je me dis que je suis un mauvais parent.
Tristesse : 3 (perte de l'image de parent efficace)
Angoisse : 5 (et si je n'arrivais plus à faire à ma façon ?)
Contrariété : 9 (il me résiste)

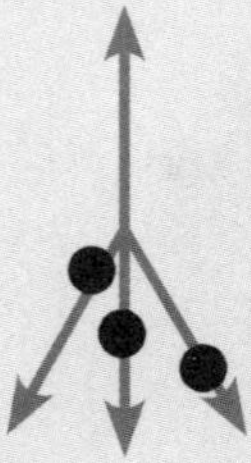

Le ressenti se caractérise par un vécu subjectif agréable ou désagréable. Il peut être de différentes natures, principalement de la joie, de la tristesse, de la peur et de la colère. Cette simplicité n'est pourtant qu'apparente. En effet, le langage que nous utilisons nous induit souvent en erreur, nous faisant passer des interprétations pour des émotions. « Je me sens agressé », « je me sens blessé » ou « je me sens incompris » en sont des exemples courants.

Exercice 2

Remémorez-vous cinq situations différentes dans lesquelles vous avez vécu des émotions et évaluez-les à l'aide du senti-mètre.

a) Choix chambres Dau
tristose 4 il veut pas que je vienne
ang. 5 je le saoule déja
cont. 5 il est pas correct

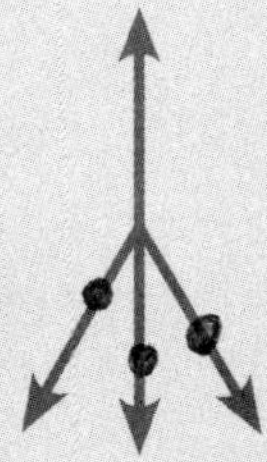

b) Alternance
trist. 0
ang. 10 nouveauté, pas trouver
cont. 4 frustrant

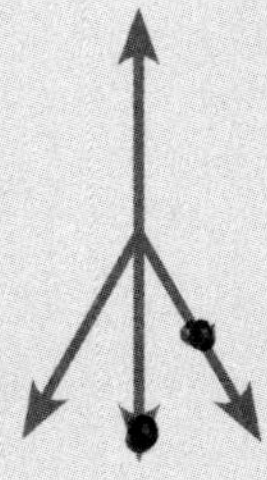

c) ....

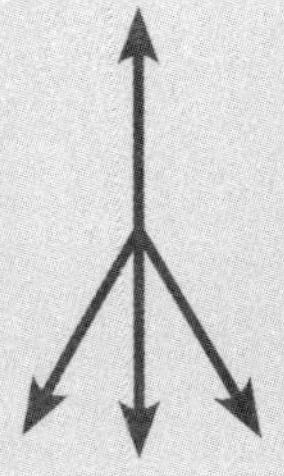

d) ....
....
....
....

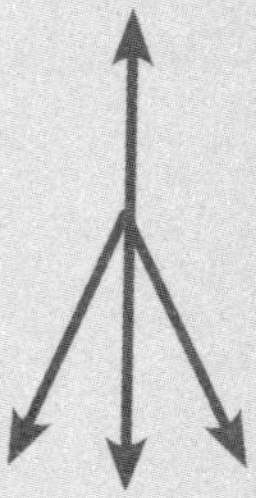

e) ....
....
....
....

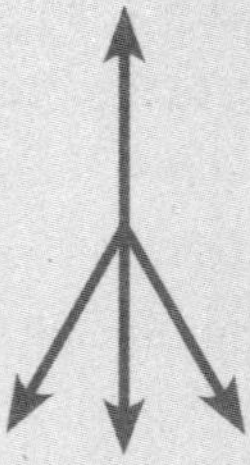

Rappelez-vous qu'il ne s'agit pas de juger votre ressenti (bien/mal), mais uniquement de le préciser.

Pourtant, force est d'admettre que l'agression, la blessure et l'incompréhension n'appartiennent pas au registre des émotions. Elles peuvent certes générer des émotions, mais ce ne sont pas des émotions. Pour preuve, une agression, ou ce que nous jugeons telle, peut s'accompagner de peur ou de colère ; ce que nous considérons comme une blessure fait naître de la tristesse ou de la peur ; le fait de ne pas arriver à se comprendre peut être à la base de la contrariété (colère) ou de la déception (tristesse).

Il apparaît donc que ces mots mêlent des ressentis, mais pas énoncés clairement, et des interprétations. En effet, l'agression est une façon de qualifier certains actes. D'ailleurs, l'agression de l'un peut être interprété comme la défense de l'autre. Pour éviter ce genre de confusion, il est recommandé de se restreindre aux émotions de base et de les exprimer le plus simplement possible quand il s'agit d'identifier le ressenti accompagnant une pensée.

Ce travail d'identification servira pour l'évaluation des interprétations du point de vue émotionnel. En effet, deux histoires différentes, basées sur les mêmes faits, donnent lieu à des ressentis différents. Ainsi, la pensée « Il n'a aucun égard pour moi » provoque beaucoup plus de tristesse et de contrariété que l'idée « Il a sans doute été retardé dans un embouteillage » à la suite du retard d'un ami au rendez-vous fixé. Cette démarche représente le cœur de la psychologie narrative, qui vise à élaborer des interprétations plus positives.

À RETENIR

- Les émotions génèrent un vécu subjectif agréable ou désagréable, ce que l'on nomme communément le ressenti.

- Les émotions les plus couramment ressenties sont la joie, la tristesse, la peur et la colère.

- Les pensées éveillent des ressentis, de sorte qu'une pensée est plus ou moins agréable, indépendamment de la réalité.

2

EXPRIMER DE FAÇON NEUTRE LES FAITS OBJECTIFS

Ce qui devrait être une évidence ne l'est en fait pas du tout : nous sommes à ce point conditionnés à interpréter que nous avons les plus grandes difficultés à relater simplement les faits. Plutôt que de formuler des constats neutres et objectifs, nous injectons nos opinions, nos suppositions, nos appréciations dans nos prétendues observations. Comme il est aisé de s'exclamer : « Quel beau temps ! » en regardant le ciel sans nuage et le soleil briller ! Sans penser que l'agriculteur qui voit ses champs se dessécher est à mille lieues de partager notre point de vue : pour lui, c'est plutôt un sale temps…

Qu'est-ce qu'une observation objective ?

Dans l'exemple précédent, les faits se réduisent au fruit de l'observation : un ciel sans nuage et le soleil qui brille. L'interprétation consiste à ajouter une appréciation, sous la forme de jugement de valeur, au constat : le temps est qualifié de beau.

Or, sans même mettre le nez dehors pour prendre connaissance des conditions météorologiques réelles, entendre qu'il fait beau temps ou sale temps suffit à générer un sentiment, agréable dans le premier cas, plutôt triste dans le second. Les interprétations ont le pouvoir de provoquer des ressentis, indépendamment des faits réels. Ainsi, être capable de revenir au niveau des faits et de leur description objective est essentiel pour qui ne veut pas se laisser emporter par les tourbillons émotionnels des interprétations subjectives. Tel est le deuxième outil utilisé en psychologie narrative.

Qu'est-ce qu'un fait ? C'est ce qui arrive tel que cela arrive. Sans connotation, sans appréciation, sans interprétation. Pour en rendre compte, il s'agit d'émettre une observation objective, c'est-à-dire *telle que chaque témoin de la scène pourrait décrire de façon identique*. Face à une observation objective, tous les témoins s'accordent et aucune discussion ne vient rompre le consensus. Par exemple, affirmer qu'un tableau mesure deux mètres sur trois est de nature objective, alors que de préciser que le tableau est beau ou laid procède de la subjectivité du locuteur. Mettre une heure et demie pour relier Paris à Dijon en TGV est un fait, prétendre que c'est rapide est une interprétation.

Les faits objectifs sont décrits avec des mots sans connotation, neutres, ancrés dans des conventions acceptées par le plus grand nombre, comme les systèmes de mesure. Ils traduisent ce qui apparaît au regard ou qui touche les oreilles. Tout ce qui vient en plus est déjà du ressort de l'interprétation. Comme dans les mécanismes suivants.

* *Connotation :* « Il a laissé ses chaussettes traîner par terre » alors que les faits sont uniquement : ses chaussettes sont sur le sol. Laisser *traîner* engage déjà une intention qui ne peut être détectée par le simple constat des chaussettes à même le sol.

* *Qualification :* « Quelle voiture luxueuse ! », alors que le qualificatif de luxueux dépend entièrement du point de référence de l'interlocuteur, au contraire de la description objective : les sièges de cette voiture sont en cuir.

* *Généralisation :* « Il est souvent en retard », parce que le terme prend souvent un sens différent dans la bouche de chacun. Huit fois sur dix, neuf fois sur dix, dix fois sur dix ?

* *Supposition :* « Il boude », alors que le fait objectif est : « Il ne nous a pas adressé la parole depuis ce matin. »

* *Appréciation :* « Vous avez fait du bon travail » à la place de : « Vous avez atteint tous les objectifs fixés dans les délais. »

Cette liste, non exhaustive, montre que l'expression des faits se traduit par des observations brutes, c'est-à-dire des constats perceptifs. Chacune de ces descriptions doit pouvoir être précédée d'un verbe de perception tel que « je vois que » ou « j'entends que ». Il ne peut y avoir de place pour une quelconque explication à ce niveau-là. Les faits n'ont pas de signification, ils surviennent, tout simplement.

Les faits, c'est ce qui reste une fois les explications et les appréciations retirées, une sorte d'ébauche épurée de la réalité, le résultat brut de la perception.

* Il a plu hier soir entre 19 et 21 heures.
* Une couche de 10 cm a été mesurée près de la tour Eiffel.
* Elle roule à 150 km/h sur le périphérique.
* Il a dit à Jean que c'était un bon à rien.
* Elle porte une robe rouge et des escarpins à talons hauts d'environ 7 cm.
* Michel est PDG de la firme Stex qui produit des fibres optiques. Son salaire annuel brut se monte à 130 000 €. Il possède une Mercedes de couleur bleue.

Les mêmes faits mêlés d'interprétations deviennent par exemple :

* Il a plu toute la soirée.
* Paris est recouvert de neige.
* Elle roule à tombeau ouvert, sans se soucier de la sécurité du trafic.
* Il a insulté Jean.
* Elle est habillée de façon très élégante.
* Michel est un parvenu qui exhibe sa réussite professionnelle.

➳ Exercice 3

Triez parmi les formulations suivantes celles qui ne contiennent que des faits objectifs. Transformez les autres pour qu'elles ne contiennent plus que des faits objectifs.

✗ a) « J'en ai marre, je dois tout faire seule dans cette maison ! » Personne ne m'aide pour les tâches ménagères

✓ b) Le mari de Lucie ne l'aide pas souvent dans les tâches ménagères.

c) Il fait bon vivre dans ce pays. Il fait beau et on se sent bien dans ce pays

✓ d) Laurent a obtenu son diplôme avec mention « bien ».

e) Jacques est raciste. Jacques est un con

f) Sylvie a traité Jacques de « raciste ».

g) Il s'est acheté une maison qui vaut 800 000 €.

h) Son fils a osé lui répondre. Quel insolent !

Solutions

a) Cette expression véhicule une interprétation doublée d'une généralisation (tout). On pourrait la remplacer par : « J'en ai marre. Je passe l'aspirateur, fais la lessive, prépare les repas et lave la vaisselle sans recevoir d'aide depuis le début de l'année ». De son côté, son mari s'occupe de payer les factures et il entretient le véhicule en état de marche !

b) « Pas souvent » relève de la subjectivité du locuteur. Au contraire de : le mari de Lucie consacre en moyenne 1 heure par semaine aux tâches ménagères.

c) Que signifie : il fait bon vivre ? À remplacer par : d'après les études réalisées par X auprès de 1 000 000 d'Européens sur la qualité de vie, la France arrive au septième rang.

d) Fait objectif. Même si « bien » est une appréciation, elle est simplement rapportée telle qu'elle est mentionnée sur le diplôme en question.

e) Il s'agit clairement d'un jugement. Au contraire de : Jacques m'a dit explicitement : « Je n'apprécie par les Asiatiques. »

f) Comme « raciste. » est entre guillemets, c'est effectivement ce que Sylvie a énoncé. Il s'agit donc d'un fait.

g) Fait objectif.

h) Que signifie répondre ? Et être insolent ? Son fils a répondu, alors que son père lui a ordonné de se taire, serait une observation objective.

Au royaume des interprétations

Nous sommes à ce point habitués à interpréter ce que nous vivons que l'exercice consistant à exprimer uniquement les faits se révèle difficile. Notre psychisme est programmé non seulement à percevoir, mais surtout à tenter d'ordonner, de trier, de comprendre. C'est pourquoi nous émettons en permanence des interprétations de toute sorte. Le sens que nous donnons aux faits est une forme de plus-value dont notre mental habille continuellement le réel.

Si certaines conceptions sont largement partagées, comme les lois scientifiques ou certains concepts religieux, d'autres nous sont très personnelles (« Je n'étais pas un enfant désiré », « Je suis timide », « Mon voisin est antipathique »). C'est principalement sur ce matériel-ci, les interprétations individuelles, que la psychologie narrative intervient, en proposant de remplacer celles qui génèrent des sentiments désagréables par d'autres provoquant des ressentis plus favorables, mais toujours basées sur les même faits. Il s'agit de donner un autre sens, tout aussi plausible, aux mêmes événements.

Exercice 4

Repensez à cinq situations vécues récemment et prenez conscience des effets que cela provoque sur votre organisme. Est-ce plutôt agréable ou désagréable ?

Exemples

Situations	Faits bruts
Mon mari a préféré sortir avec ses amis plutôt que de rester auprès de moi.	Mon mari est sorti avec ses amis hier soir.
J'en ai marre de ce pays : il pleut tout le temps !	Il pleut en moyenne 200 jours par année dans cette région.

À vous...

Situations	Faits bruts
G. ux parle de - en - acqis se lasse de moi	G. u'envoie moins de msg que d'hab

À RETENIR

- Les faits objectifs relèvent de la perception, pas de la pensée. Ils ne contiennent ni jugement ni appréciation.

- L'expression des faits objectifs est neutre. Elle est acceptée sans discussion par le plus grand nombre, puisque chaque témoin perçoit de façon similaire ce qui survient.

- Il est nécessaire d'apprendre à décrire les faits bruts, de les dépouiller des interprétations que nous leur greffons par automatisme.

3

METTRE EN DOUTE LA CERTITUDE DES INTERPRÉTATIONS

Ce qui arrive arrive, c'est indéniable ! Ne pas le reconnaître peut entraîner de fâcheuses conséquences. C'est pourquoi la psychologie narrative, qui vise le bien-être de l'individu, n'a aucunement la prétention de nier les faits. Au contraire, elle invite à se baser sur ce socle de réalité pour choisir des interprétations plus favorables. *Des* interprétations… car il y en a forcément plusieurs !

Du point de vue unique à la pluralité de points de vue

C'est dans cette prise de conscience que réside le secret principal de la psychologie narrative, sa mise en œuvre autant que son efficacité. En tant qu'êtres humains, nous ne pouvons voir le monde qu'à travers notre point de vue, notre regard particulier. Il nous est impossible d'avoir accès à l'absolu. Un peu comme un caméraman, nous dirigeons nos yeux vers ce qui nous intéresse, forcément au détriment de ce qui n'entre momentanément plus dans notre champ de vision.

Nous ne pouvons avoir qu'un accès limité aux événements : nous en percevons certains, d'autres nous échappent. Il en résulte donc un tableau partiel, *forcément* incomplet, de la réalité que nous cherchons à appréhender. De plus, la signification que nous greffons aux faits perçus résulte elle-même des apprentissages que nous avons effectués auparavant. Par exemple, un Pygmée pourra penser que le tonnerre et les éclairs sont la conséquence d'une divinité courroucée, alors que le météorologue y verra l'application de lois physiques naturelles.

Non seulement notre champ perceptif est limité, non seulement nos interprétations sont dépendantes de notre état de connaissance, mais, surtout, nous sommes amenés à émettre des hypothèses pour tenter de comprendre ce qui survient. Les psychologues qui ont étudié ce phénomène ont ainsi formulé une théorie des attributions causales. Celle-ci stipule que, à l'instar de scientifiques intuitifs, nous cherchons à mettre du sens dans ce qui arrive, notamment dans les rapports humains : nous cherchons donc les causes des événements qui arrivent.

Si notre collègue ne nous salue pas un matin au bureau, nous allons immédiatement imaginer une raison à cela : peut-être était-il distrait ? Peut-être ne portait-il pas ses verres de contact ? Peut-être était-il de mauvaise humeur après une nuit sans sommeil ? Peut-être était-il fâché contre nous ? Il existe une multitude de raisons possibles. Le danger consiste évidemment à n'en retenir qu'une seule et se persuader qu'il s'agit de celle-ci avec certitude.

Afin de pouvoir changer d'interprétation, encore faut-il en avoir plusieurs à disposition ! Et si possible des plausibles ! Pour cela, il est nécessaire de s'entraîner à émettre plusieurs hypothèses sur la base des mêmes faits. C'est en ce sens que la psychologie narrative implique une certaine créativité : pour multiplier les significations possibles d'un même événement, pour supposer d'autres causes afin d'expliquer ce qui arrive, elle a recours à l'imagination.

Illustrons la démarche par quelques exemples.

Premier cas

Les faits : il est minuit passé et votre fils adolescent n'est pas encore rentré de sa sortie avec ses amis.

Interprétations possibles

* La soirée est tellement captivante qu'il en a oublié de vérifier l'heure.
* Il désobéit consciemment pour braver votre autorité.
* Il désobéit consciemment pour vous signaler qu'il faudrait revoir les heures de permission nocturne.

* C'est un égoïste et il n'a que faire de vos soucis et de votre anxiété.

* Il est complètement ivre après une beuverie avec ses amis.

* Il est tombé dans une bagarre et s'est fait tabassé. Il gît à demi-mort sur un trottoir.

* Il a eu un accident de la circulation. Percuté par un chauffard ivre, il est entre la vie et la mort, peut-être irrémédiablement paralysé…

À la lecture de ces hypothèses, beaucoup penseront que les dernières sont démesurées, car très improbables. Mais c'est exactement celles que privilégient les personnes anxieuses et angoissées. Ce qui est certain, c'est que celui qui alimente l'une d'entre elles va voir son humeur sombrer et son angoisse augmenter, alors même qu'il n'a aucun moyen de savoir, à cet instant précis, la raison exacte du retard. Le souci qu'il se fait est en quelque sorte gratuit.

Deuxième cas

Les faits : une réunion importante a été mise sur pied dans l'entreprise. Vous n'y avez pas été convié.

Interprétations possibles

* La convocation ne va pas tarder. Il s'agit simplement d'un retard, ou d'un oubli, dans l'acheminement du message.

* La réunion porte sur des aspects spécifiques du travail qui ne concernent pas votre activité.
* C'est un complot de la part de cet intrigant de Sébastien qui cherche par tous les moyens à prendre votre place.
* Comme la société rencontre des difficultés financières, c'est le signe que votre poste est sur la sellette et que vous allez bientôt être licencié.

Troisième cas

Les faits : votre mari ne vous raconte plus ses journées lorsqu'il rentre le soir. Il se met devant la télévision après le repas et il s'y endort deux fois sur trois.

Interprétations possibles

* Il est surchargé de travail depuis quelque temps. Lorsqu'il rentre, il est éreinté.
* Il est préoccupé par un problème qu'il rencontre au travail.
* Il a rencontré une autre femme, dont il est tombé amoureux. Il n'a plus d'intérêt pour vous et va prochainement vous annoncer qu'il vous quitte.
* De toute façon, tous les hommes sont pareils : les matchs à la télévision sont plus importants que de discuter avec son conjoint !

Dans ces trois cas de figure, toutes les hypothèses peuvent tenir la route. Aucune ne peut *a priori* être écartée. Mais aucune ne peut être retenue avec certitude non plus, puisqu'en définitive, en l'état actuel, nous ne savons rien des raisons de ce qui arrive. Par contre, toutes ne paraissent pas également probables. Il est donc avantageux de nous interroger sur leur probabilité respective, c'est-à-dire sur le degré de plausibilité que nous leur accordons. Sur une échelle de certitude de 0 à 10, à combien évaluons-nous chaque hypothèse, 0 signifiant impossible (nous n'y croyons pas du tout), 5 signifiant moyennement probable (nous n'y croyons pas vraiment) et 10 signifiant extrêmement probable (nous sommes quasiment sûrs qu'il s'agit de cela) ? Précisons encore que notre degré de confiance en une hypothèse n'est pas synonyme de sa probabilité réelle, pas plus qu'une certitude absolue de notre part ne signifie que c'est la raison explicative réelle.

Pour reprendre le cas du retard du fils adolescent, cela pourrait donner :

* 9/10 : la soirée est tellement captivante qu'il en a oublié de vérifier l'heure.

* 5/10 : il désobéit consciemment pour braver votre autorité.

* 7/10 : il désobéit consciemment pour vous signaler qu'il faudrait revoir les heures de permission nocturne.

* 2/10 : c'est un égoïste et il n'a que faire de vos soucis et de votre anxiété.

* 2/10 : il est complètement ivre après une beuverie avec ses amis.

* 1/10 : il est tombé dans une bagarre et s'est fait tabassé. Il gît à demi-mort sur un trottoir.

* 1/10 : il a eu un accident. Percuté par un chauffard ivre, il est entre la vie et la mort, peut-être irrémédiablement paralysé…

Cette étape d'évaluation de la crédibilité de nos hypothèses apporte déjà un bénéfice émotionnel. En nous montrant que toutes nos interprétations ne sont pas également plausibles, cette démarche diminue le pouvoir anxiogène des ruminations mentales. Elle nous permet de privilégier les suppositions les plus probables, qui sont généralement aussi les moins dramatiques.

Attention aux « parce que »

Afin de nous rassurer, nous essayons de donner un sens aux événements et aux agissements d'autrui. Nous formulons alors des explications causales pour expliquer le comportement de nos semblables, ce que les psychologues connaissent sous le

Exercice 5

Choisissez cinq situations que vous avez vécues. Pour chacune, indiquez les faits bruts, puis trois interprétations alternatives possibles avec le degré de plausibilité (P) que vous leur accordez.

Exemple

Situation	Faits bruts	Interprétations alternatives	P
Je n'ai pas reçu l'augmentation de salaire escomptée.	Mon salaire reste inchangé.	1. Mes supérieurs ne m'estiment pas suffisamment compétent.	3
		2. L'entreprise traverse des difficultés financières.	7
		3. Je n'ai pas su m'y prendre pour argumenter cette augmentation.	5

À vous…

Situation	Faits bruts	Interprétations alternatives	P
....	....	1................	
....	....	....	
....	....	....	
		2................	
		....	
		....	
		3................	
		....	
		....	
....	....	1................	
....	....	....	
....	....	....	
		2................	
		....	
		....	
		3................	
		....	
		....	
....	....	1................	
....	....	....	
....	....	....	
		2................	
		....	
		....	
		3................	
		....	
		....	

nom de théorie de l'attribution[1]. Au niveau subjectif, la présence d'attributions causales se manifeste par les « parce que » qui émaillent nos observations : il est en retard parce qu'il a été ralenti sur la route, elle ne m'a pas salué ce matin parce qu'elle était contrariée, c'est la tempête de neige à cause du réchauffement climatique, etc.

La plupart de nos interprétations suivent cette logique de l'attribution causale : elles cherchent à attribuer une cause à ce que nous observons. De même que nos observations et leur communication ne peuvent être que partielles, donc partiales, nos attributions sont à considérer comme des hypothèses de travail, non pas comme des vérités indiscutables. Dans ce sens-là, prendre conscience qu'il y a toujours plusieurs explications alternatives permet déjà d'ébrécher la certitude de notre interprétation initiale.

Or, il semble que notre psychisme ait plutôt tendance à se contenter d'une seule explication, du moment que celle-ci a l'air plausible. Nous y adhérons sans la remettre en question et nous allons même l'utiliser dans d'autres situations, ce qui lui permet de se propager. Pourquoi s'évertuer à imaginer d'autres raisons alors qu'une seule permet d'expliquer de nombreuses situations ? Nous sommes alors victimes, en quelque sorte, d'une forme

1. On doit la théorie de l'attribution au psychologue Fritz Heider, en 1958, et sa formalisation à Harold Kelley en 1967.

d'économie psychique. Comme un sillon que l'on creuse, plus il est profond, plus aisée est la glissade qui nous emmène au fond.

Ainsi le témoignage d'Antoinette : « L'autre jour, j'ai acheté trois croissants dans ma boulangerie habituelle. Je les ai emportés et c'est seulement deux heures plus tard que j'ai remarqué, en ouvrant le sachet, qu'une poudre blanche les maculait. Il m'a semblé que c'était un produit de nettoyage. J'ai donc jeté les croissants. Mais il m'a paru important de signaler l'événement au boulanger, pour éviter qu'il n'ait des problèmes à l'avenir. Je suis retourné le lendemain et j'ai raconté ma mésaventure à une femme qui était au comptoir. D'un air hautain, elle m'a répondu que ce n'était pas possible, que je faisais une erreur, qu'une telle chose ne se pouvait pas. Puis elle s'est retournée vers son aide et lui a dit de me donner deux croissants, apparemment pour que je lui fiche la paix. J'ai été outrée par un tel comportement, par un tel manque de considération… et tout ça, parce que je suis noire ! »

Parmi toutes les explications possibles (une autre très probable est que l'employée voulait à tout prix étouffer l'affaire), Antoinette n'en n'a retenu qu'une seule : la couleur de sa peau. Son témoignage est d'autant plus intéressant qu'avant le dernier mot de l'histoire, nous sommes à mille lieues d'imaginer une telle chute ! Mais, pour Antoinette, cela ne fait aucun doute : c'est parce qu'elle est africaine qu'on lui manque de considération. Et nous pouvons deviner que cette explication doit faire partie de sa vie et donner sens à de très nombreux événements.

Écoutons maintenant Anne : « J'en ai marre que l'on me passe devant lorsque je fais la queue pour payer quelque chose ! C'est toujours la même chose : parce que je suis petite, les gens ne me voient pas et prennent ma place ! » Là aussi, le coupable est tout trouvé : la petite taille. Alors que la plupart d'entre nous ont déjà vécu cette scène où quelqu'un leur prenait la priorité pour être servi, sans pour autant que la taille y joue un rôle.

Certaines personnes se complaisent dans une représentation du monde où elles sont victimes des agissements égoïstes ou méchants des autres. Leurs attributions causales, telles des rengaines prêtes à être débitées, leur en donnent confirmation : c'est parce que je suis noir, c'est parce que je suis petit, c'est parce que je suis une femme, c'est parce que je suis un étranger, c'est parce que je suis handicapé, c'est parce que je suis homosexuel, c'est parce que je suis vieux, c'est parce que je n'ai pas pu faire d'études, c'est parce que j'ai eu une enfance douloureuse, c'est parce que je suis…

Sans nier que ces explications puissent effectivement jouer un rôle dans certaines situations, il devrait être évident qu'elles ne peuvent être la cause de tous les déboires d'un individu. S'y résigner, c'est inévitablement adopter un rôle de victime ! Au contraire, en multipliant les hypothèses et les explications possibles, la psychologie narrative nous permet de prendre de la distance par rapport à ces *attracteurs* psychiques, certes aussi séduisants que le chant des sirènes de l'Antiquité, mais tout aussi dangereux !

Exercice 6

Choisissez deux attributions causales que vous avez tendance à répéter. Puis identifiez trois situations pour lesquelles vous l'utilisez. Pour chacune d'entre elles, émettez trois explications alternatives.

Exemple

Attribution causale
« Parce que je suis un intellectuel. »

Situation 1
« Je ne suis pas doué en sport. »
Interprétations alternatives
1.1 Je ne me suis jamais intéressé aux sports. Je n'en ai donc pas vraiment pratiqué avec assiduité, d'où mes médiocres résultats.
1.2 Je manque d'entraînement, ce qui ne me motive pas vraiment à faire du sport.
1.3 Certains intellectuels sont aussi de très grands sportifs. L'un n'empêche pas l'autre.

Situation 2
Mes camarades de classe se moquaient de moi.
Interprétations alternatives
2.1 À l'école, tous les enfants étaient la cible de moqueries, qui pour sa taille, qui pour son origine, qui pour ses résultats, etc. Cela n'avait rien à voir avec moi en particulier.
2.2 Peut-être étaient-ils plutôt envieux de ma facilité à l'école ?
2.3 Certains enfants s'en prenaient à moi peut-être à cause de la grande maison que mes parents avaient pu bâtir, alors que leurs parents étaient plutôt de condition modeste.

Situation 3

Je suis un peu gauche.

Interprétations alternatives

3.1 Si j'accumule les maladresses, c'est surtout parce que je ne me concentre pas suffisamment. Je pense souvent à mille choses à la fois.

3.2 Certaines personnes souffrent d'hyperactivité, ce qui les rend impulsives : elles commettent ainsi beaucoup de maladresses.

3.3 Il arrive à tout le monde de laisser tomber des objets ou de se cogner contre le mobilier, intellectuel ou non !

À vous...

Attribution causale (A)

....

Situation 1

....

Interprétations alternatives

1.1 ....

1.2 ....

1.3 ....

Situation 2

....

Interprétations alternatives

2.1 ....

2.2 ....

2.3 ....

Situation 3

....

Interprétations alternatives

3.1 ....

3.2 ....

3.3 ....

Attribution causale (B)

....

Situation 1

....

Interprétations alternatives

1.1 ....

1.2 ....

1.3 ....

Situation 2

....

Interprétations alternatives

2.1 ....

2.2 ....

2.3 ....

Situation 3

....

Interprétations alternatives

3.1 ....

3.2 ....

3.3 ....

Aller au-delà de l'évidence

Les mots ne sont que des mots, jamais la réalité qu'ils tentent de désigner… Il est donc parfois nécessaire d'aller au-delà de ce qui nous paraît être des évidences. En particulier, certains mots ne décrivent pas que des faits, mais contiennent déjà des interprétations. Par exemple, le mot « peureux ». Si on essaie d'en extraire les faits bruts, on tombe inévitablement sur l'émotion de peur : est peureuse une personne qui ressent fréquemment de la peur. Soit ! Mais que signifie « fréquemment » ? Plus que la norme ? Mais quelle est la norme en la matière ? On remarque que le qualificatif contient déjà une part d'interprétation et qu'il est donc crucial d'aller au-delà du concept.

Prenons un autre exemple. Que signifie être végétarien ? ne plus du tout manger de viande ? D'accord, mais pendant combien de temps ? Si je n'ai pas mangé de viande lors du repas précédent, suis-je déjà devenu végétarien ? Et si je me suis abstenu de consommer des aliments carnés durant un mois entier, suis-je végétarien ? Et que peut-on dire de la personne qui ne mange habituellement jamais de viande, sauf une à deux fois par année : est-elle végétarienne ?

Beaucoup de mots nous paraissent ainsi très clairs dans leur utilisation courante, mais, dès qu'on essaie de les préciser, ils deviennent soudain plus flous, avec des contours moins bien définis que soupçonné. Cette imprécision est justement ce qui permet de multiplier les significations possibles, comme autant d'hypothèses de travail. Essayons avec le terme « désiré », en parlant d'un enfant. Combien de drames autour de personnes persuadées de n'avoir pas été désirées comme enfant !

Que signifie le désir d'enfant ? Peut-on éprouver un désir constant, monolithique, inflexible ? Est-ce seulement possible ? Ou est-ce plutôt une inclination fluctuante, mouvante, avec des hauts et des bas ? De même, peut-on être certain qu'un désir absent ne cache tout de même pas quelques racines inconscientes, voire une programmation génétique qui nous pousse à accomplir un secret dessein ?

Imaginons une mesure de ce fameux désir d'enfant, commençant une année avant la naissance du bébé et se poursuivant une année après, à raison de trois indications par jour, matin, midi et soir, sur une échelle allant de 0 à 10. À partir de quelle moyenne peut-on parler de véritable désir d'enfant ? Et si la grossesse s'accompagne plutôt d'appréhension, mais que la satisfaction de la mère est intense, une fois le bébé venu au monde (moyenne de la courbe avant la naissance : 2,3 ; moyenne après : 9,4), quelle conclusion en tirer ?

De plus, même si l'enfant est fortement désiré, la suite n'est pas forcément toute rose. Au-delà de l'image d'Épinal qui figure une jeune mère aux anges, en symbiose avec son bébé bien-aimé, les données récoltées sur le terrain de la vie forment un autre tableau, nettement plus prosaïque. De nombreuses études révèlent que la satisfaction des époux diminue dès l'arrivée d'un enfant[2]. Plus nettement encore, les couples se disent d'autant moins heureux qu'ils ont davantage d'enfants. Enfin, lorsqu'on interroge les jeunes mamans sur les activités qui leur procurent du plaisir, les soins au bébé arrivent en moyenne en queue de liste, après les tâches ménagères. C'est dire si même un enfant hautement désiré n'apporte pas que du bonheur !

En psychologie narrative, un tel événement prend une tournure nettement plus optimiste. En effet, la personne qui se morfond de n'avoir pas été désirée, qui attribue à ce non-désir tous ses problèmes actuels, sera invitée à aller au-delà de l'évidence. Le seul fait à disposition est : « Ma mère m'a dit qu'elle ne m'avait pas désiré » (en réalité, il n'y a aucun fait objectif, si ce n'est une parole). Quelles interprétations donner à cette assertion ? Par exemple que cette mère avait vécu un accouchement précédent dans de telles douleurs qu'elle redoutait de devoir repasser par ces souffrances. Ou que la venue d'un enfant perturbait sa progression professionnelle. Ou encore que les sentiments qu'elle nourrissait pour le père n'étaient pas au beau fixe. En résumé, de très nombreuses hypothèses qui tournent autour de l'état de la mère, mais pas du tout autour de l'amabilité du bébé : quoi que l'on puisse penser de la présence ou de l'absence de ce désir, cela n'a rien avoir avec l'enfant, son caractère, sa personnalité. « Je n'étais peut-être pas un enfant aussi désiré

2. Voir Jordi Quoidbach, *Pourquoi les gens heureux vivent-ils plus longtemps ?*, Dunod, 2010.

Exercice 7

Choisissez trois adjectifs qui semblent vous caractériser. Puis aller au-delà de l'évidence en leur donnant trois interprétations différentes, que vous évaluerez par rapport à leur degré de plausibilité (P) sur une échelle de 0 à 10.

Qualificatif	Interprétations	P
Intellectuel	1. Aime lire (lit plus de 50 livres par an). 2. N'est pas à l'aise avec les activités manuelles. 3. Pédant, aime théoriser.	8 3 4
....	1......................... .... 2......................... .... 3.........................	
....	1......................... .... 2......................... .... 3.........................	

On remarque que le terme « intellectuel » peut prendre un sens flatteur ou plutôt péjoratif. Dans cet exemple, la personne choisit d'adhérer à l'interprétation positive.

que d'autres, mais j'ai su forcer l'amour de mes parents, comme d'autres forcent le respect ! » Sans doute cette dernière interprétation fait-elle du bien à celui qui décide d'y adhérer…

Les infidélités de la mémoire

Il est rare, dans les histoires que nous nous racontons, que nous nous basions sur les perceptions directes des événements. L'accès aux faits passe la plupart du temps par le biais de la mémoire. Or, nos souvenirs ne sont pas la copie conforme et fidèle de ce qui est réellement survenu, loin s'en faut !

Les études sur la mémoire humaine nous apprennent qu'elle est très complexe. Un souvenir s'apparente plus à une reconstruction composite qu'à une photographie immuable d'un événement. Notre cerveau ne fonctionne pas comme un disque dur capable de stocker des données et de les rechercher à volonté. Un souvenir résulte de l'activation de différents registres psychiques : lorsque nous nous remémorons un événement vécu, par exemple un dîner au bord de la mer durant les vacances, notre cerveau va rechercher et combiner plusieurs sensations mémorisées par des structures différentes : des odeurs, des sons, des luminosités, une ambiance, etc. Évoquer un souvenir, ce n'est pas consulter un fichier et y lire une information, c'est sélectionner différents feuillets dans des aires cérébrales distinctes pour les recomposer en un tout. Il suffit qu'un feuillet soit endommagé ou légèrement altéré pour que le souvenir soit significativement modifié.

À toutes ces informations sensorielles s'ajoute encore le sens donné à l'événement sur le moment (étais-ce un souper en amoureux, ou bien le soir où ma femme m'annonçait son désir de divorcer ?). La remémoration d'un souvenir s'apparente à une histoire drôle que l'on raconte : non pas apprise par cœur, mais réinterprétée avec nos propres mots à chaque fois qu'elle est racontée. On se souvient de la signification globale attribuée à ce qui s'est passé plutôt que de l'événement lui-même.

Le temps n'est cependant pas figé pour autant dans la mémoire. À supposer que ce souper romantique reste gravé en moi comme un événement heureux, tout peut basculer par l'ajout d'une nouvelle information : j'ai appris quelques années plus tard que ma femme me trompait durant la même période. Du coup, le souvenir perd son côté agréable, car la nouvelle information vient jeter un nouvel éclairage sur la signification de l'événement mémorisé.

De fait, cette signification globale est capable de modifier le souvenir. Par exemple, une histoire d'amour ne laisse pas la même trace suivant qu'elle est encore en cours ou qu'elle est déjà terminée. Une rupture douloureuse peut jeter une ombre sur toute la relation, dont le souvenir sera plutôt désagréable à partir de ce moment. Les événements heureux vécus lors de la lune de miel auront eux aussi acquis une charge désagréable.

Lorsque nous découvrons quelque chose, que nous acquérons de nouvelles connaissances, il est très difficile (sauf maladie ou dégénérescence) de revenir en arrière et de désapprendre ce que nous savons. C'est aussi valable pour les souvenirs. Tout ce que nous découvrons, apprenons et comprenons après qu'un événement a eu lieu vient modifier le souvenir que nous en avons. C'est ce qui fait dire aux spécialistes que notre mémoire est dynamique et que nos souvenirs sont en constante réécriture. Voir nos souvenirs évoluer avec le temps n'est donc pas un défaut de la mémoire, mais sa façon normale de travailler.

Nos souvenirs ne sont pas aussi fiables que nous aimons à le penser : cette prise de conscience, loin de nous déstabiliser, devrait plutôt nous réjouir. En effet, c'est grâce à cette plasticité de la mémoire que nous pouvons encaisser les coups durs de la vie sans en être trop affectés. Ainsi, la femme ayant vécu un accouchement des plus douloureux et qui se remémore, des années plus tard, cet épisode comme un moment de plénitude ; ou les parents qui regrettent les moments de pouponnage en oubliant les nuits sans sommeil, les coliques, les crises de pleurs interminables, etc. ; ou encore les amoureux éconduits, cabossés par des ruptures et des trahisons, qui acceptent d'aimer à nouveau et se lancent à cœur perdu dans un amour tout neuf.

La démarche psychothérapeutique utilise cette propriété de la mémoire, que ce soit lors de traumatismes ou tout simplement d'événements douloureux. D'ailleurs, il existe des formes particulières de thérapie visant explicitement une modification du souvenir.

Exercice 8

Choisissez trois souvenirs qui peuvent prêter à plusieurs interprétations. Évaluez la plausibilité (P) de chacune d'entre elles sur une échelle de 0 à 10.

Exemple

Souvenir	Interprétations	P
Mon père travaillait beaucoup et jouait peu avec moi.	1. Il était davantage intéressé par son travail que par ses enfants.	8
	2. Il n'était pas à l'aise avec les petits.	5
	3. Il voulait gagner suffisamment pour nous offrir les meilleures conditions de vie et pour pouvoir payer des études à ses enfants.	8

À vous...

Souvenir	Interprétations	P
....	1.	
	2.	
	3.	

Se souvenir, c'est recomposer la réalité. C'est pourquoi nos souvenirs se modifient à chaque fois que nous nous les remémorons. Le chef d'orchestre de cette réécriture ? C'est justement le sens que nous accordons aux événements, à savoir les histoires que nous greffons sur ce qui arrive. Nos interprétations jouent un rôle crucial dans l'image que nous entretenons de notre passé. Et nous pouvons choisir de changer nos interprétations…

Les erreurs de raisonnement

La signification que nous attribuons aux faits est habituellement le résultat de raisonnements. Nous aimons croire que ceux-ci suivent les règles de la logique. Mais c'est sans compter avec les erreurs que nous commettons sans même nous en rendre compte. Par exemple, les spécialistes du marketing utilisent depuis longtemps les prix psychologiques, c'est-à-dire à terminaison 9. Les clients ont réellement l'impression de payer moins un objet vendu 9,99 € que 10 €. Dans leur mémoire, quelques semaines plus tard, le prix se rapproche alors plus de 9 que de 10 €. C'est le même biais qui nous amène à penser qu'un rabais est plus important lorsqu'il est indiqué en prix barrés (18 € à la place de 20) qu'en pourcentage (10 % de rabais).

Nombre de nos petits raisonnements quotidiens sont entachés d'erreurs, avec des effets négatifs sur notre humeur. Les psychologues cognitifs ont identifié certains de ces mécanismes très fréquents, appelés distorsions cognitives : des biais de réflexion déformant les faits pour leur attribuer une signification erronée. On trouve par exemple :

* *La sélection arbitraire*, qui consiste à retenir certains faits au détriment d'autres. Elle nous amène à tirer une conclusion invalide : « Je choisis toujours la caisse avec la file d'attente qui avance le plus lentement au supermarché » ; « Les feux de circulation passent toujours au rouge devant moi lorsque je suis pressé » ; « Mon chef ne me fait que des critiques… »

* *La surgénéralisation*, qui nous amène à tirer des conclusions générales sur la base de quelques événements isolés, à grand renfort de *toujours* et de *jamais* : « C'est toujours la même chose avec toi : tu ne m'écoutes jamais » ; « Tu es toujours en retard » ; « Je suis tout le temps malade ! »

* *L'inférence arbitraire*, qui consiste à tirer une conclusion d'un seul événement, sans preuve : « J'ai attrapé la grippe, je serai donc malade tout l'hiver » ; « Il pleut au début des vacances… nous aurons de nouveau un été pourri » ; « Vincent ne m'a pas envoyé de carte de vœux pour mon anniversaire : c'est sûr qu'il me fait la gueule ! »

* *La dichotomisation*, qui désigne un découpage réducteur de la réalité en noir et blanc, effaçant du même coup toutes les nuances de gris. C'est tout ou rien : « Tous les étrangers sont des profiteurs » ; « Les hommes ne pensent qu'à ça » ; « Ma vie est détruite car j'ai perdu mon emploi. »

- *La minimalisation du positif et la maximalisation du négatif*, qui donne une importance démesurée aux choses désagréables en réduisant simultanément la portée des choses agréables : « Oui, j'ai obtenu cette promotion… mais maintenant, à moi les soucis et le stress » ; « Mon contrôle médical dit que tout va bien… mais cela ne pas durer, je sens bien que je ne suis pas au top, question santé ! » ; « Votre enfant est premier de sa classe ; mais attention, il pourrait se relâcher et s'endormir sur ses lauriers. D'ailleurs, il pourrait faire de nets progrès en écriture, qui n'est pas son domaine de prédilection. »

- *La personnalisation des échecs*, qui consiste à s'attribuer toute la responsabilité d'un échec, sans aucune circonstance atténuante : « J'ai raté mes examens car je suis nul » ; « Je suis une piètre cuisinière, je ne sais même pas faire une tarte aux pommes » ; « Je suis un très mauvais conducteur, je ne suis même pas capable de faire un manœuvre correcte pour garer ma voiture. »

Les distorsions cognitives ne suivent pas les règles de la logique, mais elles produisent assurément des ressentis, la plupart du temps désagréables. La psychologie narrative invite donc à repérer ces mécanismes quand ils viennent perturber nos réflexions afin de les remplacer par des raisonnements plus corrects et plus logiques. Il s'agit alors de remplacer la pensée incriminée par d'autres plus douces, sélectionnées volontairement.

Exercice 9

Identifiez trois exemples personnels pour chaque mécanisme de distorsion cognitive. Remplacez les raisonnements boiteux par une interprétation plus rationnelle, que vous évaluerez sur une échelle d'agréabilité (A) de 0 à 10.

Sélection arbitraire

Situations	A	Interprétations alternatives	A
Personne ne m'aime !	0	Je souhaiterais rencontrer un partenaire amoureux. Mais j'ai une famille qui pense à moi et des amies avec lesquelles je passe des moments très agréables.	8
Je suis nul en maths !	0	J'ai pas mal de difficultés en géométrie, mais je me défends bien en calcul mental.	6

Situations	A	Interprétations alternatives	A
....		....	
....		....	
....		....	

Surgénéralisation

Situations	A	Interprétations alternatives	A
Personne ne m'aime !	0	Marie et Véronique tiennent beaucoup à moi. Et les copines du cours de danse m'ont dit qu'elles m'appréciaient énormément.	7
Je n'ai jamais de chance !	1	Je n'ai encore jamais gagné au loto, mais je ne peux pas me plaindre de ma santé.	8

Situations	A	Interprétations alternatives	A
....		....	
....		....	
....		....	

Inférence arbitraire

Situations	A	Interprétations alternatives	A
L'entreprise pour laquelle je travaille rencontre des difficultés. Je vais perdre mon emploi	0	L'entreprise rencontre des difficultés. Comme beaucoup d'autres en cette période de crise. Mais aucun licenciement n'est prévu et, de plus, mon poste est crucial pour la bonne marche des affaires.	8
Mon collègue ne m'a pas salué ce matin. Il me fait la tête.	1	Il lui arrive souvent de rêvasser ou d'être absorbé par ses pensées lorsqu'ils marche dans les couloirs.	5

Situations	A	Interprétations alternatives	A
....		....	
....		....	
....		....	

Dichotomisation

Situations	A	Interprétations alternatives	A
De toute façon, le réchauffement climatique va tous nous anéantir…	0	La situation est préoccupante, mais de plus en plus de monde est sensibilisé et de nombreuses initiatives voient le jour pour réduire la production de gaz à effet de serre.	5
Si ma femme demande le divorce, ma vie n'a plus de sens.	1	Il y a aujourd'hui de nombreuses personnes divorcées. Ce n'est certes pas souhaitable, mais on peut très bien continuer sa vie de façon satisfaisante après un divorce.	4

Situations	A	Interprétations alternatives	A
……………… ……………… ………………		………………………………… ………………………………… …………………………………	
……………… ……………… ………………		………………………………… ………………………………… …………………………………	
……………… ……………… ………………		………………………………… ………………………………… …………………………………	

Minimalisation du positif et maximalisation du négatif

Situations	A	Interprétations alternatives	A
J'ai un bon salaire, mais à quoi bon, avec tous les impôts que je dois payer !	2	Il me reste quand même suffisamment d'argent pour vivre très bien, soyons honnêtes !	7
Mes enfants réussissent à l'école, mais comment vais-je faire pour leur payer des études supérieures ?	3	Si mes enfants souhaitent faire des études supérieures, on trouvera bien un moyen. Il y a des bourses et, au pire, ils pourront aussi travailler pour participer aux frais de leurs études.	5

Situations	A	Interprétations alternatives	A
....		....	
....		....	
....		....	

Personnalisation des échecs

Situations	A	Interprétations alternatives	A
Je suis nul au tennis !	0	C'est vrai que j'ai perdu ce match de tennis. Mais mon adversaire était nettement plus fort que moi. Tous les membres de mon club se sont également inclinés face à lui.	5
Cette recette était pourtant inratable ! Je ne suis vraiment pas doué.	1	Sur le papier, la plupart des recettes paraissent faciles. Il est vrai que les explications n'étaient pas très limpides…	6

Situations	A	Interprétations alternatives	A
....		....	
....		....	
....		....	

L'épreuve de réalité

La psychologie narrative ne saurait en aucun cas servir d'alibi à un déni de la réalité, avec drames à la clé ! Il est facile d'imaginer un détournement de ces principes sous couvert d'optimisme : « Non, je ne suis pas alcoolique. Je suis simplement un bon vivant qui aime faire la fête », énoncé par un individu qui finit ivre plus de la moitié des soirs de la semaine ; « Tout va bien, ma femme est un peu sur les nerfs, mais notre couple tiendra bon », avancé par un mari qui refuse d'aller consulter un conseiller conjugual et dont la femme exprime sa détresse depuis des années ; « Je vais de mieux en mieux et je suis en train de guérir », répété à l'envi par un malade ayant reçu un diagnostic de cancer et qui décide de ne pas suivre de traitement médical ; « Je finirai bien par trouver un travail », leitmotiv d'un chômeur qui attend passivement que l'offre du siècle lui tombe dans le bec ; « C'est mon jour de chance ; je vais aller au casino pour me refaire et je pourrai rembourser mes dettes », rengaine du joueur malheureux, etc.

L'art de se raconter de belles histoires ne doit pas virer au mensonge – à soi-même et aux autres. Les interprétations favorables que l'on imagine doivent toujours s'ancrer dans les faits. En l'occurrence, une personne qui boit plus de trois verres d'alcool par jour et qui est ivre la moitié des soirs de la semaine est considérée comme alcoolique ; une femme qui dit régulièrement à son mari qu'elle est insatisfaite a toutes les chances de demander le divorce si rien n'est entrepris ; un diagnostic médical, même si les faux positifs[3] sont possibles, est une indication précieuse – au besoin, un second examen confirme les résultats du premier pour enlever les doutes résiduels et ainsi prendre les bonnes décisions ; une recherche d'emploi active augmente significativement les chances de trouver un travail, alors qu'attendre passivement n'y contribue pas du tout ; quant aux jeux de hasard, ils sont, comme leur nom l'indique, soumis au hasard et aucune martingale ne peut rien y changer : au final, seul le casino sort gagnant de l'opération.

Nos belles histoires doivent être en adéquation avec la réalité des faits. Elles sont complémentaires des événements, jamais en porte-à-faux avec eux. En leur apportant un éclairage optimiste, elles doivent permettre de mieux les vivre et d'y faire face efficacement. Ainsi, la personne dépendante de l'alcool et qui le reconnaît peut entreprendre une démarche pour se guérir ; le mari qui a entendu la détresse de sa femme peut envisager d'entreprendre quelque chose en vue d'améliorer la qualité de la relation ; le malade au fait de son diagnostic et des possibilités de traitement peut choisir en toute connaissance de cause ; le chômeur actif dans sa recherche d'emploi peut augmenter significativement ses chances.

3. Faux positif : le test est positif, alors qu'il n'y pas de maladie. Aucun test médical n'est fiable à 100 %.

Il y a toujours plusieurs interprétations possibles pour les mêmes faits. Mais toutes n'ont pas la même plausibilité. Le matériau de base pour fabriquer des belles histoires qui tiennent la route, c'est la reconnaissance des faits, quand bien même ceux-ci sont pénibles, et surtout des connaissances actualisées pour les domaines concernés. De même que celui qui désire acheter un nouveau véhicule commence par se renseigner sur les forces et les faiblesses du modèle qui l'intéresse (statistiques des pannes), les personnes qui utilisent la psychologie narrative s'enquièrent des données et des statistiques disponibles, c'est-à-dire des tendances générales et des informations fiables en la matière. Pour être plausible, une interprétation doit coïncider avec les connaissances à disposition. La femme qui se dit qu'elle va probablement guérir du cancer du sein diagnostiqué chez elle est en phase avec le discours médical, au contraire d'un patient atteint d'un cancer des os, pour lequel le pronostic est beaucoup plus sombre.

La psychologie narrative vise à favoriser des interprétations positives des événements, pas à masquer les difficultés de la vie, encore moins à nier ce qui nous déplaît. Elle confirme la réalité, sous un angle optimiste, elle ne s'y oppose jamais ! Les belles histoires ne sont pas un banc de sable dans lequel ceux qui veulent jouer aux autruches peuvent enfouir leur tête pour ne plus voir ce qui est déplaisant ou effrayant.

La question à se poser avant toute démarche de psychologie narrative est par conséquent : ma motivation est-elle de minimiser les difficultés que je rencontre ? Si la réponse est positive, alors mieux vaut passer son chemin… afin d'éviter des désillusions beaucoup plus dramatiques dans le futur. Cette unique question joue le rôle de fusible de sécurité, à ne débrancher sous aucun prétexte.

Au contraire, celles et ceux qui souhaitent embellir leur humeur, tout en tenant compte des difficultés et des problèmes rencontrés, et acceptés, retireront un bénéfice à modifier leurs interprétations, à se raconter de belles histoires.

Des cas particuliers

La psychologie narrative est généralement un outil au service de l'optimisme. Elle propose de mettre en doute des interprétations pessimistes, afin de les remplacer par d'autres plus positives, dans le but de vivre des émotions plus agréables. C'est ce but-là qui est l'objectif principal : tout en restant fidèle aux faits, nous essayons de leur donner un sens qui nous fait du bien.

Paradoxalement, la psychologie narrative peut être utilisée pour forcer le trait des interprétations négatives, du moment que cela concourt au but d'un meilleur moral. Il s'agit de cas particuliers de sa mise en œuvre.

La situation la plus caractéristique est celle des chagrins d'amour. En effet, lorsqu'une relation amoureuse se termine, de vives émotions de tristesse, de déception, de colère voire

Exercice 10

Parmi les interprétations suivantes, lesquelles ne coïncident pas avec les connaissances actuelles ?

a. Je fais confiance à mon nouveau partenaire amoureux. Je ne risque pas d'être exposé au virus du sida avec lui.
b. Le réchauffement climatique est une invention des politiciens. La nature s'autorégule très bien toute seule.
c. Il n'y a aucun risque à se faire vacciner contre la grippe saisonnière.
d. Notre amour est plus fort que tout ! Jamais nous ne nous séparerons.
e. Les enfants, c'est que du bonheur !
f. Je suis heureux de ma vie, même si je ne suis pas très fortuné.

Solutions

a. Voilà un optimisme qui est dangereux. Un test de dépistage est à l'heure actuelle une garantie indispensable.
b. Le réchauffement climatique est une réalité scientifique. Mais il est vrai que ce thème est exploité par certains politiciens. Quoi qu'il en soit, une prise de conscience et des changements d'habitude sont nécessaires de la part de la population.
c. Aucun acte médical n'est totalement dépourvu de risques, pas même un vaccin.
d. À l'heure actuelle, plus d'un couple marié sur deux finit par divorcer. Même parmi ceux qui se croyaient à l'abri.
e. Les enfants apportent beaucoup de joie, mais aussi des contraintes et des soucis…
f. Les études sur le bonheur confirment que le confort matériel n'est pas déterminant pour le bien-être subjectif.
g. Au final, seule la dernière phrase est en accord avec les connaissances actuelles.

de culpabilité sont souvent de la partie, notamment chez le partenaire qui est quitté. L'absence provoque une sensation de manque proprement insupportable et la souffrance qui l'accompagne peut prendre des proportions insoupçonnées : dépression, idées suicidaires, envie de meurtre, etc.

Le chagrin d'amour se nourrit pourtant de belles images : celles de la relation révolue. À l'image d'un décès, où la personne partie acquiert soudain toutes les qualités et perd tous les défauts qu'elle manifestait alors, le partenaire qui a rompu peut être soudainement perçu comme une personne formidable. Ne restent dans la mémoire que les bons moments passés ensemble, les souvenirs lumineux, les potentialités de la relation. *Exit* les désaccords, les problèmes, les conflits, les crises.

Ne se rappeler que des bons moments, évacuer de la conscience les éléments dissonants et problématiques contribue à alimenter les sentiments de tristesse et de peine. Se répéter que c'est injuste, que l'on ne mérite pas cela, que cette relation avait tout pour réussir nourrit les sentiments de colère et de contrariété.

Ce discours intérieur enjolivé, dans lequel le partenaire est redevenu idéal par un coup de baguette magique, est responsable du prolongement du chagrin d'amour. Nous sommes en quelque sorte les artisans de notre malheur. Plutôt que de tourner la page, nous préférons, sans nous en rendre compte, retourner le couteau dans la plaie. Encore et encore.

Comment sortir du piège ? En privilégiant les interprétations négatives ! En clair, porter notre attention sur les défauts du partenaire et sur les problèmes que présentait la relation. Ce remède à l'amour a largement fait ses preuves, puisqu'il est préconisé depuis l'Antiquité[4].

À RETENIR

- Il existe toujours plusieurs façons d'interpréter un même événement. C'est ce qui nous permet de mettre en doute nos interprétations.

- Certaines expressions langagières paraissent claires, mais lorsqu'on y regarde de plus près, on constate qu'elles contiennent beaucoup d'interprétations et très peu de faits.

- Les souvenirs, étant des reconstructions présentes de faits anciens, n'offrent pas une fiabilité suffisante. Les choses ne se sont pas exactement passées comme dans nos souvenirs.

- Les distorsions cognitives entachent nos raisonnements et nous amènent à des conclusions erronées.

- Les interprétations positives ne doivent pas servir à masquer les difficultés, mais au contraire à les appréhender plus sereinement et plus efficacement.

4. Ovide est l'auteur d'un poème intitulé *Les Remèdes à l'amour*.

3

Mettre en œuvre la psychologie narrative

Une démarche en sept étapes

Trois éléments sont essentiels pour une psychologie narrative de qualité : un bon contact avec son propre ressenti, une aptitude à extraire les faits bruts des interprétations et des histoires que nous nous racontons, et la prise de conscience qu'une interprétation n'est qu'une façon de voir la réalité, jamais la réalité elle-même, et donc que toute interprétation peut être mise en doute. Une fois maîtrisés, ces trois outils peuvent être utilisés simultanément dans le but d'apprendre à se raconter d'autres histoires, à privilégier des interprétations plus favorables à notre bien-être.

La démarche a toujours comme point de départ une histoire que l'on se raconte, c'est-à-dire une représentation que l'on se fait d'un événement. Cette histoire produit habituellement un ressenti particulier, plus ou moins agréable, qu'il s'agit d'évaluer. Vient alors l'extraction des faits bruts, qui forment le socle pour de nouvelles interprétations, appelées aussi alternatives, tout aussi plausibles que l'histoire initiale. Chacune d'entre elles est alors évaluée à l'aune des ressentis qu'elle procure, afin de ne retenir, au final, que les plus optimistes, à condition toutefois qu'elles correspondent à la réalité des faits et qu'elles soient vérifiées, le cas échéant, auprès des personnes concernées. La figure 4 illustre ce cheminement en sept étapes.

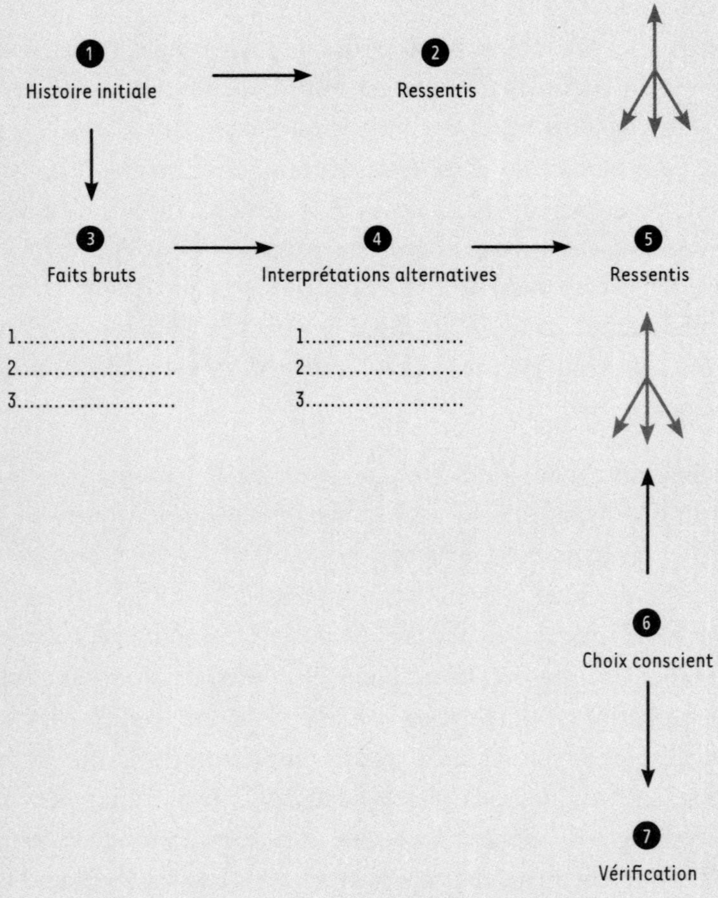

Figure 4: les sept étapes de la psychologie narrative.

Cette démarche peut être réalisée de façon linéaire, étape par étape, comme dans l'exemple suivant :

1. Histoire que l'on se raconte : « Mes parents ont toujours préféré ma sœur aînée. »

2. Ressenti : colère (5/10), tristesse (7/10)

3. Faits : je me souviens que ma sœur pouvait régulièrement choisir le programme de la télévision. Quand nous nous disputions, je me faisais punir plus souvent qu'elle. À Noël, une fois, elle a reçu un cadeau plus coûteux que le mien.

4. Il y a de la distorsion cognitive à l'œuvre : à n'en pas douter, je pouvais parfois aussi choisir le programme de la télévision (sélection arbitraire) ; d'ailleurs, étant plus âgée, il est logique qu'elle était mieux à même de choisir, surtout quand nous étions petites. Ma sœur se faisait aussi punir, c'est une évidence, j'en ai des souvenirs clairs. Conernant Noël, peut-on évaluer l'amour des parents sur la base d'un seul cadeau. D'ailleurs, il est fort probable que ce cadeau moins coûteux, c'est moi-même qui l'avait choisi et réclamé. Interprétations alternatives : a) mes parents avaient plus de facilité avec ma sœur (elle était plus obéissante que moi) ; b) mes parents ont tenté de se montrer équitables, mais j'avais besoin de beaucoup de preuves de leur attachement envers moi ; c) on ne peut pas aimer pareillement deux êtres humains distincts. Ce n'est pas que mes parents m'aimaient moins, mais ils m'aimaient différemment. J'avais, de fait,

besoin d'un cadre plus strict. Ils ont donc agi au mieux pour me donner des bases solides dans la vie.

5. Ressentis : a) soulagement 4/10 ; b) apaisement 4/10 ; c) sérénité 8/10.

6. La nouvelle histoire que je me raconte sur mon passé est que mes parents ont dû me donner un cadre plus strict, ce qui était une preuve de leur véritable amour envers moi. En effet, maintenir une position ferme envers un enfant, surtout lorsque celui-ci se montre hostile envers ses parents, n'est pas facile pour eux ; beaucoup abdiquent en pareille situation.

7. Étant donné que mes parents sont encore en vie, je vais faire appel à leurs souvenirs et leur demander leurs propres interprétations de ce qui s'est passé.

L'étape 4 représente le *véritable principe* actif de la psychologie narrative. Le seul fait de mettre en doute des interprétations que nous fabriquons est déjà bénéfique. C'est en effet la certitude avec laquelle nous considérons nos histoires, à savoir la confusion entre la réalité et sa représentation mentale, entre la carte et le territoire, qui fait problème et nous plonge dans des émotions intenses. Ainsi, imaginer plusieurs interprétations possibles pour des faits identiques est déjà une manière de mettre en doute notre façon habituelle de nous représenter les événements, d'ébrécher les certitudes.

Par conséquent, l'essentiel n'est pas de chercher l'interprétation la plus probable, celle qui colle le mieux avec les faits[1]. Souvent, nous n'avons pas les informations suffisantes pour répondre à cette question. Le but n'est pas de nous engager dans un fastidieux calcul de probabilités. Il est préférable de consacrer notre énergie à imaginer d'autres interprétations, tout aussi probables, et de vérifier leurs effets sur notre ressenti. Quitte à être dans l'incertitude, autant sélectionner une interprétation avec une probabilité de 50 %, mais accompagnée d'un ressenti agréable, qu'une autre interprétation, probable à 75 %, mais produisant un ressenti désagréable.

D'ailleurs, du moment que nous sommes conscients qu'une interprétation n'est en définitive qu'une interprétation, et non la vérité absolue, l'humilité est de rigueur : notre choix ne peut être que provisoire et toute nouvelle information est susceptible d'amener d'autres interprétations encore. En cela, le processus s'apparente à la démarche scientifique, pour laquelle toute connaissance n'est que provisoire, jusqu'à l'apparition de faits nouveaux venant modifier et affiner, voire contredire, les théories en vigueur jusque-là.

Les interprétations positives font sans aucun doute du bien au moral. Mais si elles ne collent vraiment pas à la réalité, une tension se crée dans le psychisme. On ne peut alors y adhérer

1. Comme c'est généralement le cas dans les psychothérapies cognitives classiques.

totalement et la démarche n'est, au final, pas couronnée de succès. J'ai beau me dire que je n'ai pas été retenu pour le poste convoité malgré mon extraordinaire prestation lors de l'entretien d'embauche et la force de mon curriculum vitae, si j'accumule les refus malgré ma douzaine de candidatures, il y a un problème quelque part. Il est nécessaire que je me remette en question pour changer quelque chose.

La vérification des interprétations se fait à travers la collecte d'informations auprès des personnes concernées : il s'agit d'aller glaner des informations pour asseoir nos hypothèses ou les écarter. Si personne ne peut fournir les renseignements nécessaires, on se référera alors aux connaissances en vigueur, aux consensus scientifiques et aux statistiques disponibles.

Cependant, dans de très nombreux cas, nos interprétations concernent les motivations d'autres personnes, que nous ne voulons ou ne pouvons pas interroger. Il n'est par conséquent pas possible d'en vérifier le bien-fondé. Nous devons alors nous contenter de leur vraisemblance : nous sélectionnons celles qui paraissent également plausibles. La psychologie narrative conseille, dans cette situation, de choisir celle qui nous procure le sentiment le plus agréable. À défaut d'autres informations, autant retenir les versions les plus positives des histoires qui nous arrivent. En effet, si aucune information ou confirmation n'est à attendre, nous avons tout à gagner à choisir les interprétations les plus agréables. D'autre part, si de nouvelles informations viennent entrer en contradiction avec nos belles histoires, il

Exercice 11

Identifiez trois histoires désagréables (interprétation négative) que vous avez tendance à vous répéter. Puis suivez les sept étapes proposées.

❶

1. Histoire

....

....

....

2. Ressenti

3. Fait brut

....

....

....

4. Interprétations alternatives (au minimum trois)

a...

b...

c...

d...

5. Ressenti pour chacune d'entre elles

a...

b...

c...

d...

6. Choix conscient

....
....
....

7. Vérification (si nécessaire/si possible) :
auprès de qui pourrais-je vérifier mes interprétations ?

....
....
....

❷

1. Histoire

....
....
....

2. Ressenti

3. Fait brut

....
....
....

4. Interprétations alternatives (au minimum trois)

a...
b...
c...
d...

5. Ressenti pour chacune d'entre elles

a. ....
b. ....
c. ....
d. ....

6. Choix conscient

....
....
....

7. Vérification (si nécessaire/si possible) :
auprès de qui pourrais-je vérifier mes interprétations ?

....
....
....

❸

1. Histoire

....
....
....

2. Ressenti

3. Fait brut

....
....
....

4. Interprétations alternatives (au minimum trois)

a...
b...
c...
d...

5. Ressenti pour chacune d'entre elles

a...
b...
c...
d...

6. Choix conscient

....
....
....

7. Vérification (si nécessaire/si possible) : auprès de qui pourrais-je vérifier mes interprétations ?

....
....
....

sera alors temps de procéder à une remise en question. Mais le temps passé avec ces histoires agréables nous restera acquis.

Action !

Une psychologie purement narrative, même si elle produit des bienfaits sur l'humeur, ne serait pas véritablement complète si elle n'apportait pas des possibilités de changements concrets. L'ultime étape, si cela est possible, consiste donc à passer à l'action.

Le but premier de la psychologie narrative est de modifier notre carte mentale. Mais rien n'empêche de modifier également le territoire ! Il ne s'agit pas de se résigner à un sort malheureux avec le sourire et de tolérer l'inacceptable. L'optimisme doit pousser à l'action – avec l'idée que le changement peut effectivement survenir –, non à la passivité devant un monde considéré comme définitivement injuste.

Prenons l'exemple du retard d'un ami au rendez-vous fixé. Il est certes préférable de supposer qu'il a été retenu à son travail plutôt qu'il agonise après un accident de la circulation ou qu'il a privilégié une autre activité, plus intéressante à ses yeux. Le soulagement l'emporte alors sur l'anxiété ou la contrariété. L'étape suivante consiste à attraper son téléphone et à appeler l'ami pour s'enquérir de la raison de son retard. Si d'aventure l'ami en question est abonné aux retards, on pourra par exemple fixer la règle avec lui qu'après dix minutes d'attente le rendez-vous est considéré comme annulé !

Les belles histoires servent à fabriquer une représentation positive du monde, ce qui entraîne des sentiments agréables. Ceux-ci viennent à leur tour alimenter la motivation à rendre effectivement la réalité plus belle, ce qui ne peut survenir que lorsque des actions sont effectuées. Certes, les belles pensées sont à l'origine des grandes réalisations, mais sans bras pour effectuer le travail, aucune ne peut voir le jour !

Un monde d'histoires

« Nous vivons dans un monde de fictions qu'on le veuille ou non : fiction nationale, familiale, religieuse. L'univers n'a pas de sens. Il est silence. C'est l'homme qui a mis du sens dans le monde. C'est l'homme qui a nommé les choses, qui a tissé des liens entre le passé et le présent, construit des mythes. On grandit dans un monde de fictions qu'on intègre, et que bien que masquées, on prend pour la vérité. »

Nancy Huston

Force est de constater que les interprétations occupent un part nettement plus importante que les faits dans nos échanges avec les autres. Notre mémoire elle-même structure l'information, qu'elle retient sous la forme d'histoires, c'est-à-dire de trames de significations plutôt que de faits sous-jacents. On raconte

Exercice 12

Identifiez cinq histoires désagréables (interprétations négatives) que vous avez tendance à nourrir. Indiquez pour chacune une interprétation alternative, ainsi qu'une action concrète que vous pourriez entreprendre pour changer les choses.

Exemple

Histoire	Interprétation alternative	Action
Mon enfant ne me respecte pas.	Mon enfant ne fait pas de différence dans sa manière de parler entre ses amis et ses parents.	Je fixe les limites avec lui en lui signifiant les mots que je ne veux pas entendre à la maison, ainsi que les sanctions qu'il encourt s'il transgresse la règle.

À vous...

Histoire	Interprétation alternative	Action
....	....	....
....	....	....
....	....	....
....	....	....
....	....	....

Histoire	Interprétation alternative	Action
....	....	....
....	....	....
....	....	....
....	....	....
....	....	....

Histoire	Interprétation alternative	Action
....	....	....
....	....	....
....	....	....
....	....	....
....	....	....

Histoire	Interprétation alternative	Action
....	....	....
....	....	....
....	....	....
....	....	....
....	....	....

Histoire	Interprétation alternative	Action
....	....	....
....	....	....
....	....	....
....	....	....
....	....	....

habituellement nos souvenirs sous la forme de récits, avec un début, un développement et une fin. D'ailleurs, d'une façon générale, le langage n'est autre qu'un outil pour donner du sens à ce que nous vivons. Décrire ne suffit pas, nous aimons comprendre, donc émettre des interprétations.

Conscients de cette prévalence des histoires dans la communication, nous pouvons développer prêter une oreille particulière sur ce que l'on nous dit : plutôt que de considérer les informations entendues comme les reflets de la réalité, nous pouvons porter notre attention sur la manière dont elles sont articulées. Quelle est la qualité de l'histoire que l'on nous raconte ? Par analogie, un amateur de cinéma peut s'intéresser à l'histoire qui se déroule sur l'écran, ou alors à la manière dont le réalisateur s'y est pris pour la mettre en scène, tant il est vrai qu'il y a une infinité de manières différentes de raconter la même histoire.

Le cinéma offre une analogie encore plus poussée avec la psychologie narrative. Imaginons la vie d'un personnage réel, telle qu'il la vit au jour le jour (la réalité). Puis supposons qu'un documentaire retraçant cette vie soit réalisé : même composé d'images d'archives, de témoignages de personnes ayant connu directement le personnage, celui-ci ne pourra jamais prétendre être parfaitement conforme à la complexité de son existence réelle. Il y a forcément des choix à faire, des coupures à opérer, des simplifications à réaliser. Imaginons maintenant une fiction retraçant la vie du personnage, incarné par un acteur. On y retrouvera les faits essentiels de sa biographie, mais dans un écrin narratif lui offrant une plus-value artistique. L'erreur serait de croire que le documentaire est conforme à la réalité alors que la fiction ne le serait pas. Les deux productions sont des *reproductions* de ce qui est arrivé. Tout ce que l'on raconte procède forcément d'une interprétation.

La psychologie narrative ne vise pas à mettre en doute les paroles d'autrui ; elle suggère que ces paroles sont des histoires, donc déjà des constructions riches en interprétations, dont les faits bruts occupent le plus souvent une place modeste. Deux attitudes sont alors préconisées : demander quels sont les faits bruts, afin de fabriquer nos propres histoires plutôt que d'adhérer à celles des autres, et considérer ces histoires comme des histoires, donc procurant plus d'informations sur celui qui les énonce que sur ce qui est relaté.

Afin d'obtenir les faits objectifs qui se cachent derrière les interprétations, l'outil le plus adéquat est le questionnement. Mais toutes les questions ne se valent pas ! Afin de faire émerger des informations nouvelles, ce sont les questions ouvertes, c'est-à-dire celles qui nécessitent une phrase entière pour réponse, qui sont généralement les plus efficaces :

– Qu'est-ce qui vous fait dire cela ?

– Quels sont les faits sur lesquels vous vous basez ?

– Pourquoi dites-vous cela ?

– Comment en arrivez-vous à cette conclusion ?

Comme un enquêteur souhaitant remonter une piste pour isoler les faits tels qu'ils se sont produits, celui qui veut aller au-delà des histoires racontées par les autres, pour se faire sa propre idée, a avantage à recourir aux questions ouvertes.

En devenant conscients que la carte n'est pas le territoire – que les représentations, langagières ou autres, ne sont pas la réalité –, nous pouvons porter plus d'attention à la façon dont la carte est construite qu'à ce qu'elle est censée représenter.

Les interprétations traduisent plus l'état d'esprit de ceux qui les formulent que les faits sur lesquels elles se basent. Que dit une personne sur elle-même quand elle clame : « Tous les hommes sont des égoïstes de nos jours », « On ne peut faire confiance à personne » ou encore « Le monde court à sa perte » ?

Une fois encore, il est judicieux de rappeler que personne ne peut avoir accès à la réalité dans son ensemble, que la perception est de toute façon tronquée et biaisée. On pourrait parler de *myopie attentionnelle* : on ne voit que ce qui est proche de nos centres d'intérêt et qui est cohérent avec notre vision du monde. C'est ainsi que les psychologues voient plus d'individus présentant des problèmes, les juges plus de délinquants et les médecins plus de malades dans le monde… de même que les journalistes y décèlent plus de tragédies.

Enfin, nous pouvons nous épargner des sentiments désagréables en refusant de devenir complices de certaines histoires, comme dans la parabole suivante, dite des trois tamis.

Alors que Socrate[2] est assis sur une place publique, un homme s'approche de lui, visiblement excité.

« Bonjour Socrate, sais-tu ce que je viens juste d'apprendre ?

– Non, répond le sage, comment le saurais-je ?

L'homme, pressé de partager son secret, s'apprête à raconter son histoire. Mais Socrate l'interrompt :

– Attends un instant ! Avant de commencer, peux-tu me dire si tu as fait passer ce que tu vas me relater par les trois tamis ?

– Les trois tamis ? questionne l'autre, étonné. Mais je ne sais pas de quoi tu parles !

– Le premier tamis est celui de la *bonté*. Ce que tu veux me dire est-il *bon* ?

– Eh bien, je n'y avais pas réfléchi. Attends… Non, je ne crois pas qu'on puisse dire que c'est bon.

– Alors, continue le philosophe, si ce n'est pas bon, l'as-tu au moins fait passer par le deuxième tamis, celui de la vérité ? Ce que tu veux me dire est-il *vrai* ?

– Je dois avouer que je n'en suis pas sûr, répond l'autre de plus en plus embarrassé. Je l'ai appris d'un ami qui lui-même l'a entendu de…

– Donc, tu ne sais pas si c'est vrai.

2. Certains attribuent le rôle principal dans cette histoire à Socrate, célèbre philosophe de l'Antiquité. Celle-ci conserve toute sa saveur, quand bien même il ne s'agirait pas de lui !

Exercice 13

Identifiez cinq histoires plutôt pessimistes (interprétations négatives) que certains de vos proches aiment raconter. Donnez-leur un titre humoristique ou cynique, comme au cinéma, pour bien spécifier qu'il s'agit d'une histoire subjective qui appartient à quelqu'un d'autre. Nommez enfin les effets émotionnels que chacune de ces histoires fait naître en vous lorsque vous y adhérez.

Exemple

Histoire	Titre	Effets émotionnels
Le monde est contrôlé par des multinationales qui ne cherchent qu'à s'enrichir au détriment de l'environnement et des populations.	Le grand complot	Crainte pour l'avenir Démotivation Agressivité contre les multinationales

À vous...

Histoire	Titre	Effets émotionnels
....	....	....
....	....	....
....	....	....
....	....	....
....	....	....

Histoire	Titre	Effets émotionnels
……………………	……………………	……………………
……………………	……………………	……………………
……………………	……………………	……………………
……………………	……………………	……………………
……………………	……………………	……………………

Histoire	Titre	Effets émotionnels
……………………	……………………	……………………
……………………	……………………	……………………
……………………	……………………	……………………
……………………	……………………	……………………
……………………	……………………	……………………

Histoire	Titre	Effets émotionnels
……………………	……………………	……………………
……………………	……………………	……………………
……………………	……………………	……………………
……………………	……………………	……………………
……………………	……………………	……………………

Histoire	Titre	Effets émotionnels
……………………	……………………	……………………
……………………	……………………	……………………
……………………	……………………	……………………
……………………	……………………	……………………
……………………	……………………	……………………

– Non, à franchement parler, je n'en sais rien.

Socrate poursuit alors :

– Si ce que tu veux me dire n'est pas bon, ni forcément vrai, est-ce qu'au moins cela passe au travers du troisième tamis ? Est-ce *utile* que je l'apprenne ?

– Euh, je ne crois pas que cela soit vraiment utile, répond l'autre, gêné.

– Alors, écoute ! Si ce que tu veux me dire n'est ni bon, ni vrai, ni utile, je préfère ne pas l'entendre. »

À RETENIR

- En psychologie narrative, les interprétations que l'on retient sont celles qui nous procurent des sentiments agréables, tout en étant compatibles avec les faits. Au besoin, nous pouvons vérifier auprès des personnes concernées la fiabilité de nos interprétations.

- Nos belles histoires servent aussi de motivation à agir pour effectivement tenter de rendre la réalité plus belle : elles devraient pousser à l'action plutôt qu'à la résignation.

- Ce que nous racontent les autres sont leurs propres histoires. Nous pouvons les écouter en portant notre attention sur la forme du récit plutôt que sur son fond, c'est-à-dire sur les interprétations qui sont véhiculées. Nous pouvons également leur demander quels sont les faits à la base de leurs interprétations.

4

Des exemples de psychologie narrative

Les livres de psychologie et de développement personnel regorgent d'histoires de personnes ayant réussi à modifier dans un sens positif leur interprétation de ce qui leur arrive. Ce serait autant d'exemples pour la psychologie narrative. Par ailleurs, de nombreux contes et récits mythologiques pourraient également servir d'illustrations. Tous peuvent servir de sources d'inspiration pour changer notre regard sur le monde.

Dans cette partie sont regroupés des exemples inspirants ou originaux d'histoires, des plus anodines au plus touchantes, qui impliquent un changement d'interprétation. Pour chacune d'entre elles, un éclairage à l'aide des outils de la psychologie narrative sera apporté.

Panne de train

Voici ce que raconte Anne: « Il y a quelque temps, le TGV dans lequel je me trouvais est tombé en panne. Le train est alors resté immobilisé sur les voies... pendant près de deux heures. Les passagers ont vite commencé à s'impatienter. J'étais prête moi aussi à me laisser aller à pester comme les autres. Mais je me suis dit que cela ne servait à rien, que le train ne repartirait pas plus vite pour autant. J'ai alors engagé la conversation avec mes voisins de compartiment. J'ai eu raison ! Cet incident a été l'occasion de découvrir des personnalités hors normes, drôles et sympathiques. Sans la panne de train, je n'aurai jamais eu d'aussi jolis échanges. »

Cette histoire montre que l'application de la psychologie narrative n'a rien de complexe et ne nécessite pas forcément de laborieux efforts. Dans le cas présent, la modification d'interprétation s'est opérée spontanément. La prise de conscience de l'inutilité de s'énerver a été le déclencheur du changement. Au final, il est préférable de penser : « Une panne de train est l'occasion de faire des rencontres inattendues et enrichissantes » plutôt que : « Quel temps perdu ! C'est un scandale que des trains tombent encore en panne au XXIe siècle ! » Les émotions résultantes sont clairement différentes.

Dans cette histoire, les faits bruts sont réduits à la seule panne du train. Pour beaucoup de voyageurs, l'énervement a été une conséquence non de l'arrêt du véhicule ou du temps d'attente, mais surtout de l'idée qu'ils perdaient leur temps et que pareille chose ne devrait pas arriver. Plus ils portaient leur attention sur le retard qu'ils prenaient par rapport à leur prévision, aux rendez-vous ou aux correspondances manquées, plus la contrariété augmentait. Alors même que cela n'avait aucune espèce d'influence sur la vitesse des réparations en cours. Au contraire, un changement d'interprétation portant sur le bon côté de se retrouver coincé dans un wagon à l'arrêt a amené des émotions nettement plus agréables. La panne était la même pour tous les voyageurs, mais la manière de la vivre a dépendu uniquement de leur façon de la considérer.

Chance ou malchance ?

Le témoignage de Marc souligne que, parfois, c'est le temps qui révèle la pertinence d'une interprétation alternative : sur le moment, on ne considère qu'une interprétation possible, alors que, plus tard, on se rend compte des autres manières de voir la situation. « Il y a une vingtaine d'années, lorsqu'on recevait le brevet d'enseignement vaudois [canton francophone de la Suisse], c'est l'administration qui plaçait les jeunes professeurs durant la première année. Ma femme a été la seule de sa promotion à n'avoir pas été nommée dans la région où nous habitions, pour être catapultée à des kilomètres, dans une banlieue défavorisée. Je me souviens de ses larmes de déception et d'angoisse ! Elle a même pensé renoncer et abandonner la profession. Eh bien, un an plus tard, elle était l'une des seules à avoir pu garder son poste (à l'époque il y avait pléthore d'enseignants). Elle s'est beaucoup plue avec l'équipe en place et a fait près de dix ans de carrière là-bas, à sa grande satisfaction. »

Le plus souvent, lorsqu'un événement arrive, nous n'avons pas le recul suffisant pour y déceler plusieurs interprétations. Nous nous focalisons sur une manière unique de considérer la situation, quand bien même elle produit des émotions très désagréables. Ce n'est que plus tard que d'autres façons de voir s'offrent également à nous.

La psychologie narrative tente, grâce à ses outils, d'accélérer le temps. Ou, plutôt, elle essaie de nous donner du recul en nous mettant plusieurs types d'interprétation à l'esprit. La femme de Marc aurait ainsi pu penser que, malgré la distance à parcourir pour se rendre sur son lieu de travail, l'ambiance de l'école était peut-être particulièrement bonne, ou les conditions d'enseignement particulièrement intéressantes. De plus, le fait d'être la seule à devoir se déplacer dans son groupe de promotion a certainement renforcé des interprétations du type « C'est injuste ! Pourquoi est-ce que cela tombe sur moi ? », accentuant les émotions désagréables d'angoisse et de colère.

Une histoire de talc

Nathalie affirme qu'elle a depuis toujours été jalouse de sa petite sœur. D'après elle, c'est ce qui permet d'expliquer les relations tendues qu'elle entretient avec elle. Quand on lui demande comment elle explique cela, elle répond : « cela a commencé très tôt, déjà à sa naissance. Je devais avoir deux ans quand ma petite sœur est née et ma mère m'a relaté que j'avais déversé tout le contenu d'une bouteille de talc dans son berceau. Comme je ne supportais pas l'arrivée de ce bébé, j'avais voulu lui jouer un sale tour. »

Si l'on applique la psychologie narrative, on se rend compte qu'il y a une interprétation dominante dans cette histoire, qui ne provient pas de Nathalie, mais de sa mère : renverser le flacon de talc dans le berceau est un acte de malveillance, dicté par la jalousie. Les faits se résument pourtant à ceci : renverser le flacon de talc dans le berceau. On peut facilement imaginer une autre interprétation : Nathalie a peut-être simplement voulu imiter sa mère. Voyant cette femme s'occuper tendrement du nourrisson, lui talquer les fesses pour qu'il se sente bien, la petite Nathalie a peut-être souhaité apporter sa contribution en déversant cette poudre sur les draps du berceau. Interprété de la sorte, son geste devient un acte de bienveillance.

En réalité, on ne saura jamais ce qui a dicté le geste de Nathalie. Elle-même, la principale concernée, n'a aucun souvenir de cette période de la vie, étant beaucoup trop jeune. On est donc obligé d'émettre des suppositions. Or, certaines d'entre elles vont drainer des émotions plutôt désagréables et nourrir une image de soi peu flatteuse (jalousie et malveillance), alors que d'autres vont aller dans le sens de la bienveillance et de la sollicitude. Nathalie est bel et bien devant un choix, dont les conséquences ne se résument pas à un effet sur son humeur, mais aussi sur la relation qu'elle entretient avec sa sœur cadette.

Bikini

Jeanne relate un épisode douloureux de sa vie : « Ayant souffert de boulimie durant dix ans, lorsque j'ai été enceinte, le spectre de la maladie et l'horreur de prendre du poids se sont profilés inévitablement dans mon esprit. J'étais heureuse d'attendre un bébé, mais comment allais-je réagir à l'enrobement qui alourdissait gentiment mais sûrement mon corps ? J'adorais nager, mais je ne pouvais plus enfiler mon maillot une pièce. Je m'achetai alors, provisoirement, me dis-je dans mon for intérieur, un bikini, à titre d'essai uniquement, j'insiste, pour tester le confort d'un tel attirail. Il s'avéra que ce bikini me laissait libre de mes mouvements et me permit même de découvrir la sensation de l'eau sur la peau nue de mon ventre épanoui, douce et enveloppante. Il avait fallu attendre d'avoir un ventre impossible à cacher pour le montrer sans crainte, non sans même un peu de fierté, et oser ainsi porter mon premier bikini, avec bonheur. »

Comme on peut le constater dans cette histoire, ce sont les événements eux-mêmes qui portent le changement d'interprétation. Pour Jeanne, les rondeurs sont interprétées sous le signe de la laideur et de la souffrance : il faut les cacher. Or, la grossesse l'amène à vivre une expérience radicalement différente : elle ne peut plus cacher ses formes. Elle découvre même leur beauté, tout en expérimentant les joies de porter un bikini.

Rappelons que la boulimie nerveuse est un trouble du comportement alimentaire. Il s'inscrit au chapitre des psychopathologies. Il n'est donc pas question ici d'affirmer qu'un *simple* changement d'interprétation aurait suffi à sortir Jeanne de son schéma de pensée.

Mauvaise mère

Magali se sent une mauvaise mère. Elle se raconte qu'elle n'est pas une mère attentionnée, parce qu'elle donne des plats cuisinés à ses enfants plutôt que d'aller acheter des légumes frais et sains au marché.

Les faits consistent donc à servir des repas avec des plats tout prêts. Son interprétation est qu'une bonne mère ne devrait pas faire une chose pareille, mais prendre du temps pour cuisiner des plats sains pour ses enfants. Il y a bien sûr d'autres interprétations possibles. Une bonne mère ne se définit pas seulement par sa dimension nourricière. En l'occurrence, Magali a choisi de travailler en parallèle de son rôle de mère de famille pour subvenir décemment aux besoins des siens, la pension versée par son ex-mari n'étant pas suffisante. Ce faisant, une part de son temps ne peut pas être consacré à la cuisine. Mais c'est bien par amour pour ses enfants qu'elle a décidé de reprendre une activité professionnelle. Ce qui fait d'elle une mère exemplaire.

Une autre interprétation serait que Magali n'a jamais été doué pour la cuisine. Elle préfère ne pas investir trop de temps à cela, mais, en contrepartie, elle passe de nombreuses heures à bricoler avec ses enfants. Elle est en effet une personne très créative dont les mains font des merveilles. Ce qui suscite l'admiration de nombreuses mamans de son entourage.

La psychologie narrative invite Magali à ne pas se borner à une interprétation unique, mais à élargir son champ de perception : il y a bien d'autres aspects que la cuisine qui permettent de déterminer qui est une bonne mère. D'ailleurs, existe-t-il une définition arrêtée de ce qu'est une bonne mère ?

Rien gagné ni rien perdu

Voici l'histoire de Jasmine : « Il est mardi midi. Je sors de l'appartement où je garde un enfant tous les matins. Dans ma main, les 200 € que j'ai durement gagnés lors de ce mois de décembre. Je me réjouis à l'avance de tous les achats dont je pourrai profiter grâce à ma paie. Je prends l'ascenseur, me retrouve au rez-de-chaussée, resserre fort mon écharpe autour du cou, vu la froidure de l'air. Puis, faute de pouvoir rentrer chez moi en scooter à cause de la neige, je me dirige vers l'arrêt de bus le plus proche. Durant le trajet, je rêvasse déjà à la folle après-midi de shopping que je vais m'octroyer. Finalement, j'arrive à destination, monte les quelques marches de mon immeuble et arrive sur le pas de ma porte. Comme d'habitude, je farfouille dans mon sac à main pour y dénicher mon trousseau de clés. Enfin je le trouve. Cependant, je me rends compte que je n'ai pas effleuré le cuir de mon portefeuille (que je sens à chaque fois que je mets la main dans mon sac). Horreur et damnation : mon précieux porte-monnaie qui contenait les 200 € a disparu. Je tâte avec anxiété ma doudoune pour voir si l'argent ne se trouverait pas dans l'une de mes poches. Négatif : je ne retrouve que quelques vieux Kleenex.

Je déduis donc que c'est dans les transports en commun que j'ai dû égarer la somme. Je me précipite à l'extérieur et m'engouffre dans le premier bus venant de la ville. J'interroge le chauffeur qui me répond ne rien avoir vu. Gentiment, il me dit qu'il va alerter les autres conducteurs afin qu'ils retrouvent l'argent. Un peu décomposée par ce malheureux oubli, je retourne chez moi où j'attends avec hâte un appel des objets trouvés. Seulement, les heures tournent et aucune bonne nouvelle.

Mercredi matin : maintenant, il ne me reste plus aucune chance de retrouver mon argent. Bientôt les larmes me coulent le long des joues. La colère monte aussi en moi. Cependant, il faut que je me résolve à cette idée : j'ai bel et bien perdu mon salaire. Mais comme il vaut toujours mieux voir le verre à moitié plein qu'à moitié vide, je me console en me disant que, même si je ne pourrai en aucun cas me payer le beau manteau vu en vitrine, j'ai réussi depuis quelques temps à me désintoxiquer du casino. Ce qui veut dire que, si je ne m'étais pas passée du casino, j'aurais sans doute dépensé une partie, voire toute ma paie à la roulette (où j'aurais sans aucun doute perdu). Ce qui revient à dire que je n'ai finalement rien gagné ni rien perdu. »

Jasmine utilise une autre interprétation pour accepter la disparition de son argent. Le fait est qu'il est perdu. Cependant, plutôt que de se lamenter au sujet de cette perte, elle la relativise en pensant à son addiction au jeu maintenant dépassée. À une époque pas si lointaine, elle aurait dépensé tout son argent à la roulette ; donc il ne lui serait rien resté. De ce point de vue, la perte de son salaire dans le bus n'est pas si différente. Mais cette idée la rassure et l'aide à accepter le sacrifice. Elle lui est donc bénéfique pour des faits qui, de toute façon, ne changeront pas.

Le contrôle de la valise

Florian, du haut de ses huit ans, ouvre à nouveau la valise que sa mère vient de lui préparer pour les vacances. Celle-ci peut interpréter ce geste comme un acte de méfiance envers elle : il n'a pas confiance et préfère vérifier par lui-même. Une autre interprétation peut cependant rendre la mère de meilleure humeur : Florian devient autonome et il cherche à comprendre ce qu'il faut emporter lorsqu'on part en vacances. Ainsi, il pourra le faire par lui-même la prochaine fois. La psychologie narrative invite bien entendu la mère à privilégier la seconde interprétation.

Ronflements

Louise est mariée à un homme dont le plus gros défaut est de ronfler beaucoup. Durant des années, elle a eu son sommeil perturbé par le bruit que faisait son mari. Un jour, cependant, elle a remarqué qu'il avait tendance à faire ce que l'on appelle des apnées du sommeil. Dès lors, les ronflements de son époux sont interprétés comme un signe qu'il respire encore : ils sont donc devenus rassurants.

Interpréter des ronflements par « Il me manque de respect » ou « C'est infernal ! » ne procure que peu de satisfaction. Au contraire, y voir le signe que le conjoint, certes bruyant, est encore en vie, apporte un certain réconfort.

Bien entendu, ce n'est en aucun cas une façon de contourner le problème. En l'occurrence, il existe des techniques, comme par exemple le masque à oxygène, qui peuvent améliorer grandement la qualité du sommeil et favoriser la santé. De plus, les chambres séparées, lorsque cela est possible, sont également une solution intéressante pour ce genre de désagrément.

Le travail avant tout

Pendant des années, Yvan a reproché à son épouse de rentrer tard de son travail. Il y voyait une confirmation de sa croyance que le travail passait à ses yeux avant la famille. Cette interprétation le rendait triste et, surtout, fâché contre sa compagne. Il lui reprochait donc fréquemment ses arrivées tardives, n'hésitant pas à la culpabiliser, ce qui a altéré l'ambiance du couple.

À la suite d'une crise durant laquelle la séparation a été évoquée, Yvan s'est rendu compte à quel point il tenait à son épouse. Il a aussi compris, après l'avoir sincèrement écoutée, qu'elle ne pouvait faire autrement. Des horaires de rendez-vous lui étaient imposés par sa direction et elle ne pouvait y déroger. Ce n'était pas une envie de sa part ; au contraire, elle en souffrait aussi.

Actuellement, l'interprétation de Florian est que sa compagne rentre tard car elle ne peut faire autrement. Il a abandonné sa croyance quant à une quelconque volonté de sa femme de faire passer le travail avant lui et sa famille. Non seulement il s'en porte mieux, mais le couple également, alors que rien n'a changé dans les heures d'arrivée de son épouse.

Il fait des théories

Laurence a souffert, de nombreuses années, de la propension qu'affichait son mari, psychologue de son état, à faire des interprétations à son sujet. En clair, il utilisait ses connaissances professionnelles pour décrire le fonctionnement de son épouse et la mettre face à ses zones d'ombre. Celle-ci le vivait de plus en plus mal, comme si son mari cherchait à la rabaisser. Elle interprétait cette habitude comme une manière pour lui de se sentir supérieur, de la prendre de haut, de montrer à quel point il était compétent et, surtout, à quel point elle n'était pas à la hauteur, voire véritablement incompétente. Le couple était au bord de la séparation lorsqu'un thérapeute lui fit part d'une autre interprétation : et si toutes ses théories à son sujet, dénotant assurément un très grand intérêt de la part du mari, était sa façon personnelle de lui déclarer son amour, son admiration et son attachement ?

Cette nouvelle façon de voir les choses a paru d'abord surpris Laurence, mais elle ne lui a pas semblé dénuée d'intérêt. Elle remarqua en tout cas qu'elle supportait mieux les théories de son mari. Elle décida d'en avoir le cœur net et le questionna. Voici ce qu'il en ressortit, sous la forme d'un petit mot que celui-ci lui adressa :

« Si j'avais été doué pour la cuisine, je t'aurais très souvent préparé des bons petits plats. Mais voilà, j'ai assez vite compris que mon don, c'était de manier des idées et des concepts. Je crois sincèrement que c'est ce que je fais de mieux (c'est pourquoi cela est devenu mon métier). Ce dont je suis particulièrement fier, chez moi, c'est ma faculté à passer du particulier au général et organiser des idées entre elles, surtout quand cela permet à d'autres de réaliser des prises de conscience…

À chaque fois que j'ai fait une théorie sur toi, c'est un peu comme si je te donnais le meilleur de moi-même. Je pensais t'apporter quelque chose d'utile (prétention de ma part ?), qui puisse t'aider. En aucun cas il s'agissait de suggérer que tu n'étais pas à la hauteur, pas assez bien, ou que j'étais meilleur que toi. En aucun cas il y avait l'intention de te rabaisser, de prendre le dessus sur toi.

Je l'ai toujours fait, dans mon esprit, avec bienveillance. Je crois que si tu sondes ton cœur, tu pourras confirmer cela, du moins je l'espère. Je comprends maintenant que tu n'aimes pas cela, ni l'impression que cela te donne et l'image que cela te renvoie. Je vais donc m'employer à changer.

Je pensais vraiment bien agir et utiliser au mieux mon don, surtout avec les personnes que j'aime, surtout avec toi que j'aime le plus au monde. C'était aussi, paradoxalement, ma façon de te dire que je t'aime telle que tu es. »

Cette nouvelle façon d'interpréter les faits rassura Laurence et lui donna envie de connaître davantage l'homme qu'elle avait épousé…

Mauvaise haleine matinale

Hubert se posait des questions quant à l'attitude de sa femme le matin. En effet, au réveil, il affectionnait de l'embrasser. Mais elle détournait souvent le visage et ne lui rendait pas son baiser. À tel point qu'Hubert en vint à penser qu'elle ne l'aimait plus.

Les faits : il tente d'embrasser son épouse au réveil et elle détourne le visage.

Interprétation d'Hubert : elle n'aime pas mes baisers, elle ne m'aime peut-être plus.

L'utilisation de la psychologie narrative prit ici le chemin du dialogue. Hubert demanda simplement et directement à son épouse la raison de son comportement matinal. La réponse fut la suivante : « Le matin, j'ai très souvent mauvaise haleine. Je ne me sens pas bien de t'embrasser, avec la crainte que cela t'incommode. C'est pour cette raison que je détourne le visage. »

La nouvelle interprétation ne draine aucune interprétation négative du type : « Qu'est-ce que j'ai qui ne tourne pas rond ? », ou : « M'aime-t-elle encore ? » Elle donne une explication toute simple et dénuée d'émotions au fait observé.

TDAH

Cette histoire est commune à de nombreux parents dont les enfants sont touchés par le trouble de déficit d'attention avec hyperactivité. Lorsqu'ils consultent un professionnel, psychothérapeute ou psychiatre, ils sont souvent déjà à bout de nerfs, laminés par des années de souffrance. Ils évoquent leur impuissance à canaliser leur enfant, se vivent comme des parents incapables, affichant une estime de soi au plus bas.

Une fois le diagnostic posé, même si celui-ci n'a rien d'agréable, un soulagement apparaît assez vite, consécutif à une nouvelle interprétation de la situation : l'enfant est turbulent et inattentif non pas à cause d'une éducation défaillante, mais à cause du trouble dont il souffre. Certaines solutions existent pour aider l'enfant, de même que des stratégies éducatives spécifiques peuvent être mises en œuvre.

La réalité ne change pas : l'enfant reste turbulent. Mais le regard des parents s'est modifié grâce à la nouvelle interprétation. Leur comportement s'en trouve également transformé, ce qui signe habituellement le début d'interactions plus calmes avec l'enfant.

À propos du passé

Le passé est souvent le coupable idéal pour expliquer les problèmes rencontrés dans notre vie présente. Je mène l'existence que je mène, peu épanouissante, parce que : j'ai été abusé dans mon enfance ; j'ai été maltraité dans mon enfance ; mes parents ne se sont pas assez occupés de moi ; je suis devenu très vite orphelin ; ma mère faisait des dépressions à répétition ; mon père était alcoolique ; je n'avais pas d'amis ; j'ai eu de mauvaises fréquentations ; je n'ai pas pu faire d'études, etc.

N'oublions pas que toutes ces explications, aussi séduisantes soient-elles, ne sont que des interprétations. Or, ces dernières peuvent être modifiées à souhait, afin de soulager la souffrance, et sans doute aussi nous mener vers un présent plus épanouissant.

La psychologie narrative pourrait avoir pour devise, en ce qui concerne l'influence du passé, cette citation de George Eliot : « Il n'est jamais trop tard pour devenir ce que nous aurions pu être », très proche de cette pensée attribuée à Jean-Paul Sartre : « L'important n'est pas ce que l'on a fait de nous, mais ce que l'on fait de ce que l'on a fait de nous. » Ou encore, sous une forme plus humoristique : « Il n'est jamais trop tard pour avoir une enfance heureuse… »

Exercice 14

Explorez vos souvenirs afin d'identifier cinq événements significatifs pour lesquels vous avez été amené à modifier vos interprétations dans un sens positif.

Exemple

Événement
Mon père était souvent absent durant mon enfance.

Interprétation
Il ne s'intéressait pas à ses enfants. Son travail passait avant tout.

Nouvelle interprétation
Il importait à mon père d'offrir une sécurité matérielle à ses enfants, ainsi que la possibilité de faire des études. Il travaillait beaucoup pour avoir suffisamment d'argent pour sa famille.

Émotions
Joie – Sérénité

À vous...

Événement

....

Interprétation

....

....

Nouvelle interprétation

....

....

Émotion(s)

....

Événement

....

Interprétation

....

....

Nouvelle interprétation

....

....

Émotion(s)

....

Événement

....

Interprétation

....

....

Nouvelle interprétation

....

....

Émotion(s)

....

Événement

....

Interprétation

....

....

Nouvelle interprétation

....

....

Émotion(s)

....

Événement

....

Interprétation

....

....

Nouvelle interprétation

....

....

Émotion(s)

....

5

Une vie plus riche et plus belle

Une psychologie engagée

La psychologie narrative offre une démarche efficace pour prendre conscience des effets émotionnels des interprétations que nous nourrissons à longueur de journée. Elle permet aussi de corriger certaines de ces interprétations teintées de pessimisme en vue d'adoucir la vie. Des histoires plus optimistes, des interprétations empreintes de plus de bienveillance, voilà qui améliore l'humeur et génère des émotions agréables !

Mais le but est-il seulement d'apaiser notre monde émotionnel ? Certes, c'est déjà un objectif louable en soi ! Combien de personnes seraient prêtes à payer un prix important pour diminuer la fréquence et l'impact de leurs émotions désagréables ? Combien s'engagent dans des processus psychothérapeutiques dans cette visée-là ? Cependant, l'intérêt de la psychologie narrative ne se cantonne pas à un apaisement émotionnel ni même à une manière de pensée plus optimiste. Il y a davantage encore !

Les histoires que nous nous racontons à nous-mêmes, nos pensées, ainsi que les émotions qu'elles suscitent, sont du ressort de la vie privée. Nous sommes les seuls à en faire l'expérience, et, à moins que nous décidions d'en parler à autrui, personne ne peut y avoir accès. C'est la part de notre expérience qui n'appartient qu'à nous-mêmes. À côté de cette dimension purement intérieure, il y a aussi les traces que nous laissons dans le monde, c'est-à-dire nos comportements. Tout le monde peut devenir témoin de nos agissements et les actions que nous exécutons produisent des conséquences tangibles.

La psychologie narrative est un travail essentiellement intérieur, qui agit sur notre expérience privée et intime. Mais, ce faisant, elle produit un changement d'attitude qui devient perceptible de l'extérieur : les autres personnes deviennent les témoins de comportements différents, plus constructifs. Car des interprétations plus bienveillantes amènent inévitablement des agissements plus constructifs.

Ainsi, si nous pensons que l'automobiliste qui vient de nous couper la priorité est un mauvais conducteur, notre contrariété va peut-être nous pousser à tenter de lui faire comprendre qu'il ne se comporte pas de façon correcte. Nous pourrions alors le suivre de (trop) près, lui faire plusieurs appels de phare, etc. Ce qui entraînera probablement chez lui un style de conduite plus agressif. Même le plus doux des conducteurs a tendance à se crisper lorsqu'il est pris en chasse par un fou furieux tentant de lui faire comprendre qu'il n'est pas correct, n'est-ce pas ? Au contraire, une interprétation plus optimiste, allant dans le sens que cela arrive a tout le monde d'être inattentif ou très pressé, induit une toute autre conduite : on fiche la paix à celui qui nous a coupé la priorité et on continue notre route en nous préoccupant de respecter les règles de la circulation !

Une autre illustration concerne la vie parentale : lorsqu'un enfant avoisine l'âge des deux ans, il entre généralement dans

Exercice 15

Identifiez cinq histoires plutôt pessimistes (interprétations négatives) que vous vous êtes racontées. Listez les émotions qui y sont liées et spécifiez les réactions que cela a entraînées.

Exemple

Histoire	Émotions	Réactions
Mon conjoint ne me respecte pas lorsqu'il arrive en retard à un rendez-vous.	Frustrations Colère	Je l'accueille brusquement en le couvrant de reproche et en élevant la voix.

À vous...

Histoire 1	Émotions	Réactions
....	....	....
....	....	....
....	....	....

Histoire 2	Émotions	Réactions
....	....	....
....	....	....
....	....	....

Histoire 3	Émotions	Réactions
....	....	....
....	....	....
....	....	....

Histoire 4	Émotions	Réactions
....	....	....
....	....	....
....	....	....

Histoire 5	Émotions	Réactions
....	....	....
....	....	....
....	....	....

Pour ces cinq histoires, concevez maintenant une interprétation alternative et imaginez les réactions que vous auriez dans ce cas précis.

Exemple

Interprétation alternative	Émotions probables	Réactions probables
Mon conjoint a fait de son mieux pour arriver à l'heure, mais les circonstances l'en ont empêché.	Soulagement Déception	Je l'accueille avec ouverture et empathie. Je lui demande ce qui est arrivé.

À vous...

Interprétation alternative 1	Émotions probables	Réactions probables
....	....	....
....	....	....
....	....	....

Interprétation alternative 2	Émotions probables	Réactions probables
....	....	....
....	....	....
....	....	....

Interprétation alternative 3	Émotions probables	Réactions probables
....	....	....
....	....	....
....	....	....

Interprétation alternative 4	Émotions probables	Réactions probables
....	....	....
....	....	....
....	....	....

Interprétation alternative 5	Émotions probables	Réactions probables
....	....	....
....	....	....
....	....	....

ce que les pédiatres appellent la période d'opposition. Des parents qui interprètent cette soudaine opposition, ces non à répétition comme des signes de mauvais caractère, qu'il faut au plus vite éradiquer, vont générer un bras de fer très peu constructif. Au contraire, interpréter ces oppositions comme les signes normaux d'un caractère qui se forge et commence à devenir autonome engendre un apaisement, laissant la place à des réactions éducatives plus constructives – en tout cas, qui permettent d'avoir plus de recul face à l'enfant.

Ainsi, la pratique de la psychologie narrative présente l'avantage d'améliorer concrètement les relations que nous entretenons avec les autres. Appliquée de façon adéquate, elle laisse des traces positives visibles dans notre vie.

Une meilleure relation avec soi

Les autres bénéficieront directement de nos efforts en psychologie narrative. Notre vie intérieure apaisée se traduira vite par des comportements plus constructifs envers eux. Mais cet effet positif se verra également dans la relation que l'on entretient avec soi-même. En effet, nos comportements peuvent enrichir notre vie personnelle ou, au contraire, l'empêtrer dans des difficultés. Car nos émotions ne s'envolent généralement pas comme elles étaient venues : nous nous y accrochons et nos actions consécutives tentent d'y apporter un apaisement, pour ne pas dire un moyen de contrôle.

Par exemple, si nous sommes anxieux, nous pouvons être tentés de consommer de l'alcool pour calmer l'angoisse. Ou alors de discuter avec un ami. Ou encore de nous distraire en allant au cinéma. De même, si nous sommes fâchés, nous aurons tendance à nous en prendre à la source de notre colère en l'apostrophant, en criant dessus, voire en la menaçant ou même en la frappant, personne ou objet confondu. Nos émotions sont donc à l'origine de nombreux comportements.

La question à nous poser est la suivante : les comportements que nous mettons en place pour *répondre* à nos émotions (ou tenter de les gérer) tendent-ils à améliorer notre vie ? À la rendre plus riche, plus belle ? Appliquée à la psychologie narrative, la question devient : lorsque je nourris cette interprétation, qui provoque cette émotion précise, comment est-ce que je me comporte ? Est-ce que ce comportement rend ma vie plus pleine ? Est-ce que ce comportement me rapproche de la personne que j'aimerais être, des valeurs que j'aimerais incarner ?

À supposer que nous ayons reçu une mauvaise évaluation de notre travail par notre chef, que nous soyons devenus déprimés et anxieux en nous racontant une histoire dans laquelle nous perdons notre emploi, nous pourrions être tentés de recourir à l'alcool pour noyer notre angoisse. Ce qui n'améliorera pas nos compétences professionnelles ni notre estime de soi. Nous avons peut-être bénéficié d'une accalmie temporaire, mais à quel prix ?

Exercice 16

Identifiez cinq histoires plutôt pessimistes (interprétations négatives) que vous vous êtes racontées. Vérifiez les émotions qui y sont liées et spécifiez les comportements que vous avez mis en place dans la situation. Évaluez (E) enfin, sur une échelle de 0 à 10, si le comportement choisi contribue à enrichir votre vie et la rendre plus belle (0 = pas du tout ; 10 = tout à fait).

Exemple

Histoire	Émotions	Comportements	E
Je n'ai aucune volonté. Jamais je ne peux tenir un régime.	Désespoir Tristesse Démotivation	J'ouvre le placard et mange en entier un paquet de biscuits.	0

À vous...

Histoire 1	Émotions	Comportements	E
....	....	....	

Histoire 2	Émotions	Comportements	E
....	....	....	

Histoire 3	Émotions	Comportements	E
....	....	....	
....	....	....	
....	....	....	
....	....	....	

Histoire 4	Émotions	Comportements	E
....	....	....	
....	....	....	
....	....	....	
....	....	....	

Histoire 4	Émotions	Comportements	E
....	....	....	
....	....	....	
....	....	....	
....	....	....	

Notre état affectif se traduit par des comportements. Ceux-ci peuvent rendre notre vie plus conforme à nos attentes ou au contraire l'éloigner de ce que nous aimerions incarner. La psychologie narrative propose de porter notre attention sur l'effet émotionnel de nos interprétations, de façon à choisir celles qui nous sont le plus favorables. Ce faisant, elle améliore notre vie en la rendant plus belle, *via* les agissements que nous mettons en place.

Une autre psychologie narrative

Il apparaît que nos comportements pourraient également servir de pierre de touche à la qualité de nos interprétations. En effet, si nous sommes moins habiles à décrypter notre monde émotionnel, nous pouvons regarder plus précisément nos comportements et leurs effets. Pour ce faire, il s'agit dans un premier temps d'identifier le type d'existence que nous aimerions mener. Qu'est-ce qui est important pour nous ? Que recherchons-nous ?

Dans la vie amoureuse, souhaitons-nous être un partenaire fiable, digne de confiance, respectueux, plein de sollicitude, soutenant et empathique ? Dans notre vie familiale, souhaitons-nous être un parent présent, compréhensif, calme, incarnant le modèle à suivre ? Dans notre vie amicale, souhaitons-nous être un ami fiable, agréable, ouvert, entraînant, sur qui on peut compter dans les moments difficiles ? Dans notre vie professionnelle,

Exercice 17

Nommez les trois valeurs principales que vous aimeriez incarner dans votre vie amoureuse, familiale, amicale et professionnelle. Pour vous aider, pensez à ce que vous aimeriez que vos amis retiennent de vous si vous deviez quitter ce monde maintenant. Réfléchissez à quel type de personne vous souhaiteriez être.

Sphère	**Valeurs**
1. Amoureuse	1)................................ 2)................................ 3)................................
2. Familiale	1)................................ 2)................................ 3)................................
3. Amicale	1)................................ 2)................................ 3)................................
4. Professionnelle	1)................................ 2)................................ 3)................................

souhaitons-nous être un travailleur compétent, efficace, à la pointe des connaissances dans le domaine ?

Lorsque nous avons réussi à identifier les valeurs que nous aimerions incarner, il s'agit de déterminer si les comportements que nous mettons en place nous en rapprochent ou au contraire nous en éloignent. On pourrait à cet effet reprendre la schématisation du senti-mètre : une double échelle de – 10 à + 10, indiquant l'ampleur de l'éloignement (– 10 à 0) ou du rapprochement (0 à + 10), comme illustré à la figure 5.

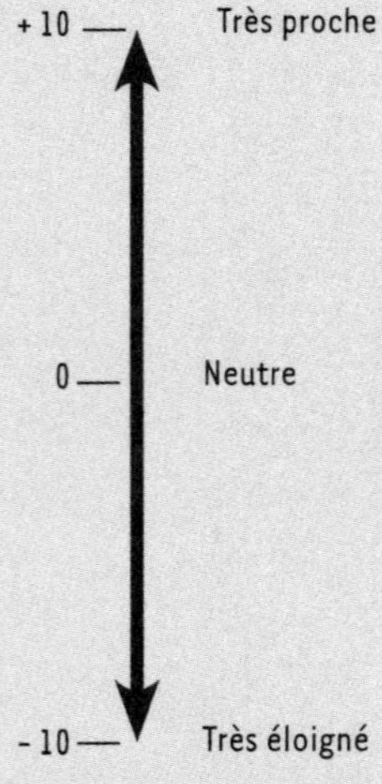

Figure 5 : **l'échelle du rapprochement de nos valeurs.**

Par exemple, consommer de l'alcool après un échec amoureux ne nous approche pas du type de personne que nous aimerions être : un partenaire fiable et bienveillant.

Exercice 18

Sectionnez cinq réactions que vous avez eues par le passé à la suite à d'événements. Indiquez les valeurs qui importent pour vous dans ces contextes. Puis évaluez (E) votre réaction sur une échelle de 0 à 10 pour déterminer si elle vous a rapproché ou éloigné des valeurs en jeu.

Exemple

Événement	Réaction	Valeur	E
Du matériel de bureau était à disposition sans surveillance.	Je ne me suis pas servi, contrairement à d'autres collègues.	L'honnêteté	+ 10

À vous...

Événement 1	Réaction	Valeur	E
....	....	....	

Événement 2	Réaction	Valeur	E
....	....	....	
....	....	....	
....	....	....	
....	....	....	

Événement 3	Réaction	Valeur	E
....	....	....	
....	....	....	
....	....	....	
....	....	....	

Événement 4	Réaction	Valeur	E
....	....	....	
....	....	....	
....	....	....	
....	....	....	

Événement 5	Réaction	Valeur	E
....	....	....	
....	....	....	
....	....	....	
....	....	....	

Ce comportement reçoit donc un - 8 sur l'échelle. Au contraire, tenter de comprendre les raisons qui ont contribué à la séparation et rester en bons termes avec l'ex-partenaire reçoit un + 8. Par cet exemple, il s'agit de comprendre que l'évaluation des comportements ne se fait pas par rapport à un but précis (ici, trouver un nouveau partenaire ou reconquérir le précédent), mais bien par rapport à une valeur que nous tentons d'incarner.

Enfin, il est essentiel de comprendre que l'on peut avancer vers ce qui est important pour nous, mais que nous n'y sommes jamais une fois pour toutes. Il s'agit d'une direction et chaque comportement, si anodin soit-il, va dans la direction de cette valeur ou nous en éloigne. La philosophie des petits pas s'applique parfaitement ici.

Nos comportements sont le plus souvent le fruit de nos pensées, de nos interprétations. Ainsi, il suffit de déterminer si nos comportements nous approchent ou nous éloignent de nos valeurs pour *jauger* la qualité de l'interprétation, indépendamment du fait que celle-ci soit vraie ou fausse. Dans la psychologie narrative exposée au chapitre précédent, c'était la qualité du ressenti qui était au centre de la démarche, alors que, dans cette seconde version, c'est la contribution des comportements à l'incarnation de nos valeurs qui joue le rôle essentiel.

Exercice 19

Sectionnez cinq interprétations qui ont donné lieu à des comportements et vérifiez jusqu'à quel point ceux-ci ont contribué à vous rapprocher ou non de vos valeurs.

Exemple

Interprétation	Comportement	Valeur	E
Mon frère est jaloux de moi.	J'ai tendance à me méfier de lui.	La convivialité	- 5

À vous...

Interprétation 1	Réaction	Valeur	E
....	....	....	

Interprétation 2	Réaction	Valeur	E
....	....	....	

Interprétation 3	Réaction	Valeur	E
....	....	....	

Interprétation 4	Réaction	Valeur	E
....	....	....	

Interprétation 5	Réaction	Valeur	E
....	....	....	

Dans un second temps, imaginez une interprétation alternative et les comportements qui en découleraient, avec l'évaluation de la tendance à contribuer à ce qui est important pour vous.

Exemple

Interprétation	Comportement	Valeur	E
Mon frère m'admire.	J'ai tendance à lui expliquer comment je m'y prends.	La convivialité	+ 7

À vous…

Interprétation 1	Réaction	Valeur	E
………………… …………………	………………… …………………	………………… …………………	

Interprétation 2	Réaction	Valeur	E
………………… …………………	………………… …………………	………………… …………………	

Interprétation 3	Réaction	Valeur	E
………………… …………………	………………… …………………	………………… …………………	

Interprétation 4	Réaction	Valeur	E
………………… …………………	………………… …………………	………………… …………………	

Interprétation 5	Réaction	Valeur	E
………………… …………………	………………… …………………	………………… …………………	

À RETENIR

- Nos interprétations sont à l'origine de comportements tout à fait perceptibles par autrui.

- Certains comportements nous rapprochent de nos valeurs, alors que d'autres nous en éloignent.

- Il est possible de pratiquer une psychologie narrative basée non pas sur les émotions, mais sur la contribution des comportements à ce qui est important pour nous, nos valeurs. Est-ce que l'interprétation retenue amène, au final, un comportement qui enrichit notre vie et la rend plus belle ?

6

Croyez-vous à ce que vous pensez ?

Pour être véritablement efficace, la mise en œuvre de la psychologie narrative doit s'ancrer dans la certitude que les interprétations ne sont que des interprétations, qu'elles ne représentent pas la réalité. Une telle prise de conscience est au cœur de nouvelles approches en psychothérapie, comme la thérapie de l'acceptation et de l'engagement[1]. Leurs principes, étayés par de nombreuses recherches scientifiques, servent également de base à la psychologie narrative. En voici les idées essentielles.

Notre cerveau – ou notre esprit, pour ceux qui ne sont pas trop à l'aise avec une vision biologique de l'être humain – est une formidable machine à produire des pensées. La question de savoir ce qu'est exactement la pensée n'est pas encore résolue, tant elle est complexe. Mais le drame, c'est que nous avons tendance à croire à nos pensées. Un peu comme si nous confondions la carte et le territoire. Car la représentation d'un objet ou d'une région n'est jamais équivalente à l'objet ou à la région elle-même. De même, nos représentations mentales, nos pensées, ne sont jamais équivalentes à ce qu'elles tentent de représenter, c'est-à-dire la réalité.

Et, d'ailleurs, qu'est-ce que la réalité ? Ce qui arrive et existe dans le monde. Ce qui se produit, ce sont les événements, rien de plus. Les raisons des événements et des agissements des gens

1. Russ Harris, *Passez à l'ACT. Pratique de la thérapie d'acceptation et d'engagement*, De Boeck, 2012.

n'appartiennent déjà plus à la réalité, mais au domaine de la spéculation. D'une façon plus générale encore, tous les liens que nous tissons entre les événements bruts, les faits, relèvent de la sphère mentale. Par exemple, affirmer que Michel est arrivé en retard à son rendez-vous est un fait avéré. Mais prétendre qu'il n'est jamais à l'heure ou qu'il n'est pas ponctuel constitue déjà une interprétation.

Le problème, c'est que nous avons tendance à considérer nos interprétations, nos pensées, comme vraies. Or, comme il s'agit de pensées, il n'y a pas de correspondance univoque entre elles et ce qu'elles représentent. Nos pensées peuvent ne pas du tout rendre compte de la réalité. En d'autres termes, nous commettons une erreur en croyant aveuglément à ce que nous racontent nos pensées.

Par exemple, pensez très fort : « Je ne peux pas entonner la mélodie de *Joyeux Anniversaire*. » Puis faites-le ! Vous venez de comprendre que votre pensée n'était pas fiable, puisque vous avez réussi à accomplir ce qu'elle prétendait que vous seriez incapable de faire. Cette prise de conscience peut déjà être salutaire dans de nombreuses pathologies : par exemple, la personne atteinte de phobie sociale, qui se dit que jamais elle ne pourra prendre la parole devant un groupe, se rend compte qu'elle est tout à fait capable de le faire.

Riche de cette prise de conscience, la pensée n'est pas la réalité, ou encore : la pensée n'est pas vérité, nous pouvons prendre une distance salutaire avec nos contenus mentaux. En effet, ce sont eux qui, la plupart du temps, nous jouent des tours : soucis, angoisses, obsessions, ruminations ne sont que le résultat de notre activité mentale débridée, mais qui entraînent de tristes conséquences, allant jusqu'aux troubles psychiques tels que la dépression ou l'anxiété généralisée.

Mais nul besoin d'évoquer le monde des troubles psychiques ! Notre quotidien à tous est rempli de ces pensées parasites qui encombrent notre mental et perturbent notre humeur. Il suffit de les canaliser et de penser positivement, entend-on souvent ! Très bien, alors tentez l'expérience suivante : durant la prochaine minute, efforcez-vous de ne pas penser à un gâteau au chocolat !

C'est raté, évidemment. Pourquoi ? Parce que nous ne pouvons pas empêcher notre esprit de faire des liens entre toutes sortes d'idées. Force est de constater qu'une grande partie de notre activité mentale est autonome. En clair, sauf quand nous nous concentrons sur une tâche précise, notre cerveau génère par lui-même de multiples pensées. C'est mission impossible que de ne pas penser. Essayez durant une minute et notez le nombre de pensées qui se sont pressées aux portes de votre esprit. Impressionnant, n'est-ce pas ?

Bien entendu, on peut lutter contre les pensées négatives. Mais une chose est certaine : elles reviennent toujours, inlassablement, inexorablement. Alors, sommes-nous condamnés à subir ces pensées automatiques morbides qui n'en font qu'à leur tête ?

Trois grandes voies s'offrent à chacun d'entre nous. La première, sans doute la plus usitée, consiste à laisser libre cours à nos enchaînements de pensées. On se laisse alors mener par notre activité mentale autonome, que certaines traditions orientales comparent fort à propos à un cheval fou. C'est elle qui dicte la direction, avec pour résultat beaucoup de détresse. Les pires pensées pessimistes peuvent alors s'en donner à cœur joie.

Pour celles et ceux que cette option ne réjouit pas, il existe une deuxième voie qui consiste à arrêter de nourrir les pensées spontanées et de les remplacer par des pensées alternatives choisies volontairement. Il ne s'agit pas de contrer des pensées par d'autres pensées, mais bien de remplacer l'une par l'autre, tant il est vrai que l'on ne peut nourrir plusieurs pensées différentes simultanément.

Cette voie est celle de la psychologie cognitive classique, utilisée depuis quelques décennies avec succès dans les psychothérapies cognitives et comportementales. C'est aussi celle qu'emprunte la psychologie narrative décrite dans cet ouvrage.

En quelques mots, les psychothérapies cognitives et comportementales s'emploient à modifier les comportements et les pensées problématiques plutôt que de fouiller l'inconscient pour tenter d'exhumer la cause des problèmes. La psychologie narrative, pour sa part, ne vise aucun but thérapeutique, mais se présente comme un outil de bien-être.

À côté de ces deux voies – laisser libre cours à son mental et remplacer certaines pensées par d'autres –, il en existe une troisième, à la fois moderne et multiséculaire : la méditation de la pleine conscience. Dans la méditation, il s'agit de devenir observateur de notre propre activité mentale. Plutôt que de nourrir les pensées qui se présentent dans la conscience, plutôt que de lutter contre elles ou tenter de les remplacer par d'autres, la méditation consiste à observer les pensées apparaître, passer puis disparaître dans notre esprit. Les laisser passer sans s'y accrocher, à l'image de l'enfant couché dans l'herbe qui observe les nuages passer dans le ciel.

La méditation est une pratique multiséculaire en Orient. Certains courants de l'hindouisme ainsi que le bouddhisme tibétain semblent en être le berceau. Cependant, au-delà d'une pratique à visée spirituelle, la méditation intéresse depuis peu les chercheurs en neurosciences. Ils ont en effet découvert que cette pratique induisait dans le cerveau des états spécifiques et dignes d'intérêt. De plus, il apparaît que la pratique de la pleine conscience offre d'excellents résultats dans la gestion du stress et la prévention des rechutes dépressives, ce qui en fait un outil thérapeutique de choix.

Une nouvelle approche, mariant les apports des courants cognitifs et ceux de la pleine conscience, semble prometteuse. Elle se fonde sur l'acceptation des pensées dites négatives plutôt que leur modification. Vite dit, mais chacun sait qu'il n'est pas facile d'accepter, surtout ce qui est cause de souffrance.

C'est exactement ici qu'intervient cette nouvelle approche, baptisée ACT, acronyme anglais de thérapie d'acceptation et d'engagement *(acceptance and Commitment Therapy)*, qui est de proposer des outils pour apprivoiser les pensées anarchiques. Ceux-ci sont redoutablement simples : prendre conscience qu'une pensée n'est qu'une pensée, et nullement la réalité.

En voici une illustration. Pensez : « Je suis nul » et observez l'effet que cela produit sur votre humeur. Dans un deuxième temps, pensez : « J'ai la pensée que je suis nul. » Il se passe alors un phénomène intéressant : une sorte de prise de distance avec le contenu de la pensée. Les tenants de l'ACT parlent de *défusion*. Plutôt que d'adhérer à la pensée, de faire corps avec elle, de fusionner avec elle, on la considère simplement comme une pensée, une suite de sons dans notre esprit.

C'est aussi une manière de prendre conscience qu'il existe une partie de nous qui n'est pas assimilable à notre pensée. Alors que l'Occident a suivi René Descartes avec son célèbre « Je pense donc je suis », l'ACT s'inspire des traditions orientales rôdées à l'art de la méditation. Nous pouvons nous observer penser, et ainsi prendre conscience que *nous ne sommes pas notre pensée*. Notre pensée est une production de notre esprit, elle n'est pas nous, nous ne sommes pas elle.

Que faire alors face aux pensées désagréables ? Nous placer dans la position de l'observateur, c'est-à-dire *défusionner* de nos pensées. Lorsqu'une pensée importune apparaît, nous pouvons nous dire par exemple : « J'ai la pensée que... », ou : « Mon esprit me dit que... »

Si la pensée est un thème connu et récurrent, genre rumination mentale : « Tiens, tiens, mon esprit me rejoue le thème de..., ou : « Merci, esprit ! La pensée suivante, s'il te plaît. »

Cela paraît simpliste à première vue, mais l'efficacité de ces méthodes est remarquable. Elles permettent de prendre distance en douceur avec le contenu des pensées problématiques. Le choix d'une pensée alternative n'en est que plus facile dans ce cas. C'est pour cette raison que les techniques de *défusion* peuvent également être utilisées en psychologie narrative.

À RETENIR

- Notre esprit possède une activité mentale autonome, qu'il est difficile de contrôler.

- On ne peut pas se forcer à ne pas penser à quelque chose, mais on peut remplacer une pensée par une autre.

- Il est possible de ne pas *fusionner* avec nos pensées, c'est-à-dire les considérer comme une production de l'esprit, mais sans y adhérer ni s'y accrocher.

- La psychologie narrative vise à mettre en doute nos certitudes quant à nos interprétations afin de pouvoir les remplacer par d'autres plus agréables.

7

Conclusion

Notre vie est pétrie d'événements dont nous ne saurons sans doute jamais la raison ni la signification. Dans ces situations, la vision optimiste s'impose! Pourquoi? Parce qu'elle nous procure des émotions plus agréables et, ce faisant, elle embellit notre existence. Quitte à ne pas savoir, autant imaginer le plus favorable…

Mais n'est-ce pas courir le risque de se voiler la face? De manquer de réalisme? Non, puisqu'il n'y a aucune raison objective pour que les interprétations pessimistes soient plus réalistes que les optimistes. Pourquoi y aurait-il plus de drames dans le monde que d'événements heureux? Ne succombons pas au piège des médias qui relatent davantage de faits divers tragiques. Comme le dit le proverbe: un chien qui aboie fait plus de bruit que cent chiens qui se taisent. Nous ne pouvons rien conclure sur le nombre de chiens présents au seul bruit des aboiements!

De plus, tant que nous ne connaissons pas la raison d'un événement, nos hypothèses sont condamnées à rester des suppositions. Reprenant l'argument du célèbre pari du philosophe Pascal quant à une hypothétique vie après la mort. Deux alternatives sont possibles: l'explication optimiste est correcte, ou alors c'est la pessimiste. Si nous avons opté pour une interprétation optimiste et qu'elle se révèle exacte, tant mieux, car nous aurons vécu des émotions agréables, et en plus, nous aurons eu raison. Si notre supposition se révèle finalement fausse, tant pis, mais nous aurons au moins éprouvé des sentiments agréables jusqu'alors. Il sera assez tôt pour s'inquiéter…

D'autre part, si nous avons privilégié l'histoire pessimiste dans notre esprit et que l'explication réelle est pour finir positive, nous nous serons faits du mauvais sang pour rien. C'est le cas des personnes souffrant d'anxiété et de dépression, qui voient le monde beaucoup plus sombre qu'il ne l'est en réalité.

Enfin, à supposer que nos hypothèses pessimistes soient conformes à ce qui survient, nous aurons certes la consolation de savoir que nous avions raison, mais nous aurons multiplié les ressentis désagréables : non seulement après la confirmation du drame, mais aussi avant, pendant son anticipation. Ajoutons encore que nous sommes habituellement piètres devins quand il s'agir d'anticiper les émotions futures : nous prévoyons des émotions désagréables plus intenses que ce que nous ressentons effectivement le moment venu. Les drames sont généralement plus terribles dans notre imagination.

En fin de compte, on constate que les interprétations positives sont toujours gagnantes, et cela quoi qu'il arrive dans la réalité. Inversement, il n'y a aucun avantage à privilégier les histoires négatives.

La seule chose qui change, après tout, c'est que certaines histoires nous rendent heureux, d'autres non ! En nous aidant à privilégier les belles histoires, la psychologie narrative contribue ainsi substantiellement à notre bonheur.

C'est tout le bien que je vous souhaite…

Bibliographie

N'ont été référencés dans ce texte que les ouvrages accessibles au grand public. En particulier, les études mentionnées ne renvoient pas aux articles scientifiques originaux, publiés dans des revues spécialisées, le plus souvent en anglais et truffés de termes techniques et d'analyses statistiques, mais à leur explication dans des livres à la portée de tous.

ADLER Ronald, TOWNE Neil, *Communication et Interactions*, Québec, Éd. Études vivantes, 1998.

ALBERONI Francesco, *Le Choc amoureux*, Paris, Presses Pocket, 1993.

ANCELIN-SCHÜTZENBERGER Anne, *Psychogénéalogie. Guérir les blessures familiales et se retrouver soi*, Paris, Payot, 2007.

ANDRÉ Christophe, *Vivre heureux. Psychologie du bonheur*, Paris, Odile Jacob, 2003 ; *Guide de psychologie de la vie quotidienne*, Paris, Odile Jacob, 2008.

ATKINSON Rita *et al.*, *Introduction à la psychologie*, Éd. de la Chenelière, 1994.

ATTALI Jacques, *Amours. Histoires des relations entre les hommes et les femmes*, Paris, Fayard, 2007.

BEDARD Luc et *al.*, *Introduction à la psychologie sociale. Vivre penser et agir avec les autres*, Éd. du Renouveau pédagogique Inc., 1999.

BEN-SHAHAR Tal, *L'Apprentissage du bonheur. Principes, préceptes et rituels pour être heureux*, Paris, Belfond, 2008.

BETTELHEIM Bruno, *Psychanalyse des contes de fées*, Paris,

Hachette, 1998.

BYRNE Rhonda, *Le Secret, Un Monde différent*, 2008.

CASTANEDA Carlos, *L'Herbe du diable et la Petite Fumée*, Paris, 10/18, 1985.

CHAUMIER Serge, *L'Amour fissionnel. Le Nouvel Art d'aimer*, Paris, Fayard, 2004.

COLLECTIF, *Catéchisme de l'Église catholique*, Paris, Pocket, 1999.

COPPENS Yves, *Le Présent du passé. L'Actualité de l'histoire de l'homme*, Paris, Odile Jacob, 2004.

CORNETTE DE SAINT-CYR Xavier, *Pratiquer la bienveillance par l'écoute active et l'empathie*, Jouvence, 2007.

COTTRAUX Jean, *Les Thérapies comportementales et cognitives*, Paris, Masson, 1998 ; *La Répétition des scénarios de vie. Demain est une autre histoire*, Paris, Odile Jacob, 2003.

CREVECŒUR Jean-Jacques, *Relations et Jeux de pouvoir*, Jouvence, 2000.

CROISILE Bernard, *Tout sur la mémoire*, Paris, Odile Jacob, 2009.

CSIKSZENTMIHALYI Mihaly, *Vivre. La Psychologie du bonheur*, Paris, Robert Laffont, 2004 ; *Mieux vivre en maîtrisant votre énergie psychique*, Paris, Robert Laffont, coll. « Pocket Évolution », 2008.

CUNGY Charly, *Savoir s'affirmer*, Paris, Retz, 2001 ; *Savoir gérer son stress en toutes circonstances*, Paris, Retz, 2006.

CYRULNIK Boris, *Un merveilleux malheur*, Paris, Odile Jacob, 2002 ; *Les Vilains Petits Canards*, Paris, Odile Jacob, 2004 ; *Autobiographie d'un épouvantail*, Paris, Odile Jacob, 2008.

DAMASIO Antonio, *L'Erreur de Descartes. La Raison des émotions*, Paris, Odile Jacob, 1997.

DESJARDINS Denise, *Le Réel et Nous*, Paris, La Table ronde, 2002.

DELORME André, FLÜCKIGER Michelangelo, *Perception et Réalité. Une introduction à la psychologie des perceptions*, Paris, De Boeck, 2003.

DODSON Fitzhugh, *Tout se joue avant six ans*, Paris, Marabout, coll. « Éducation », 2006.

DROZDA-SENKOWASKA Ewa (dir.), *Les Pièges du raisonnement. Comment nous nous trompons en croyant avoir raison*, Paris, Retz, 1997.

DUCOMMUN-NAGY Catherine, Ces loyautés qui nous libèrent, Paris, Jean-Claude Lattès, 2006.

ELKAÏM Mony, *Si tu m'aimes, ne m'aime pas. Approche systémique et psychothérapie*, Paris, Le Seuil, 2001.

ÉPICTÈTE, *Ce qui dépend de nous*, Paris, Arléa, 2004.

FAVRE Patrice, *Georges Cottier, itinéraire d'un croyant*, CLD, 2007.

FORTIN Claudette, ROUSSEAU Robert, *Psychologie cognitive. Une approche du traitement de l'information*, Québec, université du Québec, Télé-Université, 1989.

FREUD Sigmund, *Trois Essais sur la théorie sexuelle*, Paris, Gallimard, 1989 ; *Sur le rêve*, Paris, Gallimard, 1990 ; *Œuvres complètes. Psychanalyse, vol. 16 (1921-1923) : Psychologie des masses, Le moi et le ça, Autres textes*, Paris, PUF, 2003.

GODEFROID Joe, *Les Fondements de la psychologie. Science humaine et Science cognitive*, Paris, Vigot, 1993.

GOLEMAN Daniel, *L'Intelligence émotionnelle*, Paris, J'ai lu, 2003.

GOTTMAN John, SILVER Nan, *Les couples heureux ont leurs secrets. Les Sept Lois de la réussite*, Paris, Jean-Claude Lattès, 2000.

GRAY John, *Les hommes viennent de Mars, les femmes viennent de Vénus*, Paris, J'ai lu, 2003.

HAY Louise, *Transformez votre vie*, Paris, Marabout, 2007.

HEATH Chip, HEATH Dan, *Ces idées qui collent. Pourquoi certaines idées survivent et d'autres meurent*, Village mondial, 2007.

HEITZ Bruno, VINCENT Béatrice, *Les Petits Curieux*, Paris, Albin Michel, 2007.

JEFFERS Susan, *Tremblez, mais osez*, Paris, Marabout, 2001.

JOUVENT Roland, *Le Cerveau magicien. De la réalité au plaisir psychique*, Paris, Odile Jacob, 2009.

KABAT-ZINN Jon, *Au cœur de la tourmente, la pleine conscience: MBSR, le célèbre programme de réduction du stress basé sur la mindfulness: programme complet en 8 semaines*, Paris, De Boeck, 2009.

KAUFMANN Jean-Claude, *L'Invention de soi. Une théorie de l'identité*, Paris, Hachette Littérature, 2007; *Quand je est un autre. Pourquoi et comment ça change en nous*, Paris, Armand Colin, 2008.

LEBRUN Maguy, *L'Amour en partage*, Paris, Robert Laffont, 1991.

LELORD François, ANDRÉ Christophe, *La Force des émotions. Amour, colère, joie…*, Paris, Odile Jacob, 2001.

LEMOINE Patrick, *Le Mystère du placebo*, Paris, Odile Jacob, 2006.

LEJOYEUX Michel, *Les Secrets de nos comportements*, Paris, Pion, 2009.

LEYENS Jacques-Philippe, YZERBYT Vincent, *Psychologie sociale*, Bruxelles, Mardaga, 1997.

LOFTUS Élisabeth, « Les faux souvenirs », in *Pour la science*, n° 242, décembre 1997, p. 34-40.

LYUBOMIRSKY Sonja, *Comment être heureux… et le rester*, Paris, Flammarion, 2007.

MALLASZ Gitta, RAOUL-DUVAL Dominique, *Dialogues avec l'ange*, édition intégrale, Paris, Aubier-Montaigne, 1994.

MANTEL Jean-Marc, *Dites oui à ce que vous êtes vraiment*, Éd. Recto-Verseau, 2007.

MAYER Catherine *et al.*, *Le Livre noir de la psychanalyse. Vivre, penser et aller mieux sans Freud*, Paris, 10/18, 2006.

MORGAN Marlo, *Message des hommes vrais au monde mutant*, Paris, Albin Michel, 1995.

MUCHEMBLED Robert, *L'Orgasme et l'Occident. Une histoire du plaisir du XVIe siècle à nos jours*, Paris, Le Seuil, 2005.

MURPHY Joseph, *L'Énergie cosmique. Cette puissance qui est en vous*, Toulouse, Dangles, 1999.

MYERS David, *Introduction à la psychologie sociale*, Éd. Chenelière/ McGraw-Hill, 1997.

OFFENSTADT Nicolas, *L'Histoire bling-bling. Le Retour du roman national*, Paris, Stock, 2009.

ORTOLI Sven, PHARABOD Jean-Pierre, *Le Cantique des quantiques. Le monde existe-t-il ?*, Paris, La Découverte, 2007.

PIAGET Jean, *La Naissance de l'intelligence chez l'enfant*, Paris, Delachaux et Niestlé, 1975 ; *La Psychologie de l'intelligence*, Paris, Pocket, 200 ; *La Représentation du monde chez l'enfant*, Paris, PUF, 2003.

PLEUX Didier, *Exprimer sa colère sans perdre le contrôle*, Paris, Odile Jacob, 2006.

POLLAK Kay, *Aucune rencontre n'arrive par hasard. Se découvrir à travers les autres*, Jouvence, 2008.

POPPER Karl, *Conjectures et Réfutations. La Croissance du savoir scientifique*, Paris, Payot, 2006.

POTTER-EFRON Ronald, POTTER-EFRON Patricia, *Se libérer de la honte. Les Chemins vers une meilleure estime de soi*, Paris, InterÉditions, 2005.

RAMPA Tuesday Lobsang, *Les Secrets de l'aura*, Paris, J'ai lu, 2004.

RAYMOND Michel, *Cro-Magon toi-même. Petit Guide darwinien de la vie quotidienne*, Paris, Le Seuil, 2008.

RICARD Matthieu, *Plaidoyer pour le bonheur*, Paris, Pocket, 2004 ; *L'Art de la méditation*, Paris, Éd. du Nil, 2008.

ROBBINS Anthony, *Pouvoir illimité. Changez de vie avec la PNL*, Paris, J'ai lu, 2008.

ROGERS Carl, *L'Approche centrée sur la personne. Anthologie de textes présentés par Howard Kirschenbaum et Valérie Land Henderson*, Éd. Randin, 2001.

RONIS Willy, SOLLERS Philippe, *Nues*, Terre bleue, 2008.

ROSENBERG Marshall, *Les Mots sont des fenêtres (ou des murs)*, Jouvence, 1999 ; *Les Mots sont des fenêtres (ou bien ce sont des murs)*, Paris, La Découverte, 2004.

RUIZ Miguel, *Les Quatre Accords toltèques. La Voie de la liberté personnelle*, Jouvence, 2005.

SALOMÉ Jacques, GALLAND Sylvie, *Si je m'écoutais... je m'entendrais*, Paris, Éditions de l'Homme, 2003.

SALOMON Christian, *Storytelling. La Machine à fabriquer des histoires et à formater les esprits*, Paris, La Découverte, 2007.

SANDER David, SCHERER Klaus, *Traité de psychologie des émotions*, Paris, Dunod, 2009.

SANDER Peter, *Bernard Madoff l'escroc du siècle*, Music & Entertainment Books, 2009.

SAUTERAUD Alain, *Je ne peux pas m'arrêter de laver, vérifier, compter. Mieux vivre avec un TOC*, Paris, Odile Jacob, 2002.

SELIGMAN Martin, *La Force de l'optimisme*, Paris, InterÉditions, 2008.

SIMON Sylvie, *Les 10 plus gros mensonges sur... les vaccins*, Toulouse, Dangles, 2005.

TALEB Nassim Nicholas, *Le Cygne noir. La Puissance de l'imprévisible*, Paris, Les Belles Lettres, 2008.

THALMANN Yves-Alexandre, *Au diable la culpabilité ! Cessez de vous culpabiliser et retrouvez votre liberté intérieure*, Jouvence, 2009 ; *Le Non-Jugement, de la théorie à la pratique*, Jouvence, 2008.

VAN EERSEL Patrice, *La Source noire. Révélations aux portes de la mort*, Paris, Grasset, 1986.

VINCENT Lucy, *Comment devient-on amoureux ?* Paris, Odile Jacob, 2006.

VON BERTALANFFY Ludwig, *Théorie générale des systèmes*, Paris, Dunod, 1973.

WATZLAWICK Paul, BEAVIN Janet, JACKSON Don, *Une logique de la communication*, Paris, Le Seuil, 1972.

WATZLAWICK Paul, *La Réalité de la réalité. Confusion, désinformation, communication*, Paris, Le Seuil, 1978 ; *Le Langage du changement. Éléments de communication thérapeutique*, Paris, Le Seuil, 1980 ; *Faites vous-même votre malheur*, Paris, Le Seuil, 1984 ; (dir.), *L'Invention de la réalité. Contributions au constructivisme*, Paris, Le Seuil, 1988.

Table des matières

Achevé d'imprimer en mars 2013
sur les presses de Canale, Italie

Dépôt légal : avril 2013

ISBN : ISBN : 978.2.501.08439.0

41.2683.5/01